ケアの多元的社会化

知的障害者の地域での自立と「脱家族論」再考

鍛治智子 著

誠信書房

はじめに

　本書は，障害当事者の運動において自立の文脈で主題化され，障害者の地域生活や自立の実現において示されてきた「脱家族論」について，知的障害者に焦点を当て，地域生活支援システムの観点から再考するものである。本書の問題意識は，知的障害者が自分らしく安定した地域生活を営むには，親をはじめとした家族だけでなく，家族以外の他者がケアを担い，そのための体制整備が必要不可欠だとの前提に立つ。そのうえで，ケアを含む「親による支援」を，1つの選択肢として家族規範とは異なる文脈で位置づけ直すことにある。

　日本における知的障害者への公的な支援は，1960年に制定された精神薄弱者福祉法（現：知的障害者福祉法）に始まるが，多くの場合，知的障害者の生活は親の支えに依るところが大きい。しかし，これもまた多くの場合，親のほうが先に高齢となって人生の最期を迎えることになる。親が亡くなった後の知的障害者の生活はどのように維持・保障されるのか，という課題を表す「親亡き後」の言葉は，現在でもよく耳にし，先の見えない将来に親たちは切実な不安を抱えている。

　しかし，親が生涯にわたって知的障害のある子どもを支えなければならないわけではない。親が知的障害者のケアを担い続ける背景には，そうあるべきとする社会の規範も多分に影響している。だが，そもそも知的障害者は社会の一員であり，その生活は親（家族）任せではなく，社会的に支えられることが必要なのである。その1つのあり方として，知的障害者の日常におけるケアを親ではなく家族以外の他者が担っていく，いわゆる「ケアの社会化」がある。

　そして親亡き後の課題解決には，「現在子どものケアをできる状況か否かに関係なく，親が生きている間から」（西村 2007：88）取り組むことの重要性が指摘されている。つまり，親亡き後の課題とは，実のところは知的障

者の自立とその支援の課題とつながっている。しかし，実際に親が健在である状況で，ケアの担い手を家族以外の他者に移行することがスムーズに進まないことがある。たとえば，親たちが抱く「ケアの社会化への違和感」（中根 2006：143）がある。知的障害者自身もその障害特性も相まって，生活環境の変化や新たな人間関係の形成に対して，強い不安や困難を抱えることもあるだろう。

　また青木（2011：307）は，「知的障害者の『自立』を支える制度が形成される一方で，自律することに困難を持つ知的障害者の暮らしをどう支えるのかに関する議論は取りこぼされたままに，自らつかみ取るものであった『自立』は，ねばならない規範と化した」と指摘する。

　ケアの社会化は「家族（ほとんどの場合は親）がケアすべき」との規範を解消する側面をもっているはずだが，ケアの社会化に対して積極的になれない気持ちや，「子のケアをしたい」「親のケアを受けたい」という気持ちを「親離れ／子離れできていない」と一概に否定してしまっては，かえってケアの社会化に対する一種の抵抗感が強まる可能性がある。また，家族が関与する余地や，家族がケアを担う意義を極端に否定してしまっては，「ケアを社会化すべき」との新たな規範につながり，ケアの社会化が有していた本来の意義が見えづらくなってしまうだろう。

　先にも述べたように，筆者は，知的障害者の生活支援を親（家族）任せにするのではなく，社会的に取り組む必要があると考える。そして家族がケアすべきとの規範に疑問をもち，そうした規範が知的障害者やその家族の困難につながっていると考え，その課題解決を目指している。その際の視点としては，知的障害者においても親においても，自立するということに常に積極的であるとは限らないことを前提として，ケアの社会化やそれを伴う自立への消極的な気持ちについて，知的障害者自身，親自身，周囲の人々がどのように受け止めることができるのかを含めて，ケアの社会化が問われる必要があると考える。

　本書は，知的障害者の地域生活支援システムが形成され，その下で，「親による支援」が家族規範に縛られたものではないかたちで，知的障害者の地域

生活を支える選択肢として位置づく可能性を明らかにする。また,「ケアの多元的社会化」という視点から, ケアをめぐる親と支援者の多元的な協働を明らかにする。さらに,「親による支援」も含めて, いかに知的障害者の多様な地域生活を支えうるかについてのモデルを提示し, 今後の知的障害者の自立支援の展望を示すことを目的とする。

　ここでいうケアの多元的社会化とは, ケアの社会化はそもそも, 家族に代わって誰がケアを担うかという個人レベルの実践に留まるものではなく, ケア関係が安定的に形成・継続されることを含めた地域レベルでの生活支援体制の構築, またその基盤となるための制度レベルの整備が必要不可欠である多元的な実践であり, ケアの多元的社会化はその多元性を明確に示したものである。

　あえて「多元的」と強調するのには, 本書が地域生活支援システムの観点から「親による支援」の位置づけを考察し,「脱家族論」を再考することと関わり, 2つの理由がある。

　1つは, 社会的背景を明確にすることにある。知的障害者と親の自立をめぐる課題には, 知的障害者と親のそれぞれの思いが絡み合っているため, それに寄り添う実践が重要であり, 本書もそうした当事者たちの心情の揺れ動きを大切にしていくことを重視している。しかし, 自立が, 親子の関係性の課題として強調される懸念もある。知的障害者とその家族を取り巻く社会環境にも課題があるのであり, この点を明確にするためにケアの多元的社会化の概念を用いる。

　もう1つは, ケアの担い手を家族外の他者に移行して, 知的障害者と親の直接的な関わりが減ったとしても, 親が間接的に知的障害者の生活を支える可能性があることにある。それは親の個人的な関わりというだけでなく, さまざまな親の会・家族会の組織としての活動が知的障害者の地域生活を支え, 公的な施策の整備においても, 親の会が与えてきた影響や果たしてきた役割が大きい。さらに知的障害者自身よりも親のほうが自立に向けて積極的に取り組むこともあり, その場合には親から自立した生活を, 親が支えている面がある。ケアの多元的社会化として, 知的障害者と親の直接的な関係か

ら少し引いたところでの社会化のあり方や，そこにおける親たちと支援者たちとの協働に，より意識的に目を向けることで，親が間接的に知的障害者の自立を支える様相や多様な「親による支援」が見えてくるだろう。

　障害者の生活支援だけでなく，子育てや高齢者のケアなどをはじめ，ケアをいかに社会的に支えていくかは重要なテーマである。また家族内で行われていることや家族内の関係が常に良好なものではなく，時に深刻な困難が生じることもすでに顕在化しているし，家族のあり方そのものも多様化してきている。しかしまた，家族はその他の社会的な関係とは異なる要素を持つものであるとして，家族を特別視することも少なくないし，戸籍，家族・親族関係，世帯を基盤とした仕組みもさまざまにある。良くも悪くも，私たちが現代社会で生活していくうえで「家族」をまったく意識せずにいることは難しい。

　「家族がすべき」として規範化されてきたケアではなく，そのような規範に縛られたものではないケアのかたちを模索しながら，ケアを含めた家族からの支援も生活を支えるための選択肢として，ケアの多元的社会化に位置づけ直すことが重要であろう。下夷の指摘のように，家族の自助原則に引き戻されないよう留意しながら，「家族メンバー間の相互作用としてのケアの価値」（下夷 2015：59-60）の探求・提示を行うことが必要であり，「『家族ケアから脱する論理』と『家族ケアを守る論理』の両方が求められている」（下夷 2015：60）のである。

　この課題について本書では，知的障害者の地域生活支援システムにおける「親による支援」という点から捉える。そして，「親による支援」が知的障害者の地域生活を支えるうえでの選択肢として位置づくには，親がケアを担わなくてもよい体制を社会的に整備することが必要である。それはもちろん，親以外の多様な主体が関わって知的障害者の地域生活を社会的に支えることであり，親と，親などの家族以外の多様な他者（あるいは組織・団体）がどのようにつながりを持っていくかを，親と支援者の協働として捉えて，そのあり方を探っていく。

　家族内で行われるケアは，家族という特定の関係を基盤とする以上，継続

し続けることの困難はやはり残る。親が関与しなくても安定してケアのニーズに応答することを可能とし，そこに向かうプロセスにおいて親がどのようにケアに関与するのか，あるいはしないのかなど，それぞれの家族の状況に応じたケアの多元的社会化のあり方を模索していくことが本書の課題である。そしてこのことは知的障害者の自立や地域生活支援のみならず，多様な家族が取りこぼされることなく地域で安定して生活するために，私たち一人ひとりが，また社会全体が「家族」にどのように向き合い，位置づけようとするのかの課題に取り組む契機になりうると考える。

　本書の構成として，第1章では，知的障害者の地域生活の現状を親との関係も踏まえて整理し，障害者の自立生活運動で提起された親からの自立としての「脱家族論」の再考と，ケアの多元的社会化の視点がもつ意義を提起して，本書の理論的位置づけを示している。

　第2章では，制度レベルでのケアの社会化の基盤整備に関して，わが国の知的障害者の支援制度の展開における親の位置づけを概観しながら，知的障害者の親の生活の現状を整理している。

　第3章では，知的障害者および親たちの組織・団体としての実践に着目している。これらの実践は，制度への働きかけから地域での資源創出など多岐にわたり，一人ひとりを支える側面ももつ。本書では知的障害者の親の会として全国的な活動をしている「手をつなぐ育成会」と，知的障害者たちの当事者活動である「本人の会」および全国組織の「ピープルファーストジャパン」について，これらの実践が社会との接点を創出していくなかでの，多様な主体との協働のあり方を検討している。

　第4章では，親が主体的に知的障害のある子どもの自立に取り組んできた例として，知的障害者の母親が立ち上げたNPO法人を取り上げ，知的障害者が親から自立していくプロセスから，ケアの社会化に関する親と知的障害者自身の思いを分析している。

　第5章では，A市における知的障害者の地域生活支援システムを取り上げ，親たちの思い，家族会の実践，支援機関や行政の視点などをもとに，地域生活支援システムにおいて「親による支援」がどのように位置づけられるかに

関して，ケアの多元的社会化を踏まえた 1 つのモデルを提示している。

　第 6 章では，個々の家族の状況に応じた多様な自立プロセスを踏まえた，「脱家族論」の可能性を示している。そして，特に自立することへの知的障害者自身や親の消極的な気持ちにどのようにアプローチしうるか，その支援実践の視点を検討するとともに，知的障害者と親を包含するコミュニティの形成を検討して今後の知的障害者の自立支援の展望を示している。

第1章 知的障害者の地域生活とケアの多元的社会化

本書は自立生活運動で示された自立や「脱家族論」の意義を踏まえつつ，自立や親の役割に注目しながら知的障害者の親子関係や家族関係を問い直す系譜に位置づく。そして，知的障害者の地域生活が親に依存しがちな現状のあり方を問い直す。そのうえで，自立プロセスが多様性をもつことの重要性を認識し，あらためて「脱家族」のあり方を捉え直す必要を示していく。

本章では，自立生活運動の実践において示されてきたことと，知的障害者と親の関係や自立に関わる先行研究の論点の整理を行う。そして知的障害者の地域生活の現状と，自立や親子関係に影響を及ぼす要因としての知的障害という特性に目を向ける。そのうえで，ケアとは何か，家族がケアを担うこと，ケアを社会化するとはどのようなことかについての論点を整理する。それらを踏まえて，「脱家族論」再考に向けて，ケアの多元的社会化の視点から「親による支援」のもつ意義について問題提起する。

第1節　知的障害者の「親からの自立」と「脱家族論」

知的障害者が親から自立して地域で生活していくことに関して，これまでどのような主張や議論がなされ，なぜ「脱家族」が論じられてきたのだろうか。

本節ではこれらの論点について，障害者の自立生活の実現に大きな影響を与えた障害当事者による自立生活運動と，知的障害者と親の関係に関する研究動向から整理する。

1. 障害者たちが示してきた「脱家族」と「脱施設」

（1）障害者による自立生活運動

　知的障害者に限らず障害者が地域で生活を営むことは，もともと容易では
なかった。障害福祉施策の整備が十分でない時代において，障害者は親元を
離れて生活することが困難な状況に置かれていた。公的な生活支援が進めら
れるようになってからも，まずは親元で暮らし続けることが困難になった際
の（あるいは困難になることを見越して），親元に代わる生活の場としての入
所施設の整備に施策の重点が置かれた。こうした障害者の生活の状況を打破
すべく，「施設」でも「親元」でもない地域での新たな生活の場を強く主張
し，また実現してきたのが，身体障害者を中心として展開してきた自立生活
運動である。

　1960 年代後半から 1970 年代にアメリカで拡大していった自立生活運動
は，日本にも大きな影響を与えた。日本でも障害当事者による運動が行われ
ていたが，特に 1970 年代の「青い芝の会」による運動は，社会に大きなイン
パクトを与えた*1。

　「青い芝の会」は，1970 年に横浜で起きた母親による重症心身障害児殺害
事件に関して，重要な主張を提起した。当時，母親の置かれた状況に対して
同情的な意見が寄せられて減刑嘆願運動が行われたが，「青い芝の会」の神奈
川連合会はこの減刑嘆願を批判する運動を展開した。立岩（2012b：271）は

---

*1　日本における自立生活運動について，アメリカの運動が 1980 年代に日本にも伝播し
　　てきた（横須賀 1992：91）という指摘や，1970 年代における重度障害者自身による自
　　立生活の取り組みと障害者運動は，「まだ，『自立生活運動』というはっきりした概念
　　や方法論，組織論を持ったものとは言えませんでした」（杉本 2008：108）などの指摘
　　がある。一方で，深田（2013：95-96）は 1970 年の「青い芝の会」の運動の転換と「府
　　中療育センター闘争」の生成を取り上げ，「日本における障害者の自立生活運動はこの
　　時期にはじまったと考えることができる」と捉えている。また立岩（2012b：258）も，
　　「自立生活への運動がこの国で独自なものとして生成，展開してきたこと，そこに解決
　　されるべき問題が，当事者に自覚され，解決が模索されてきたことを示す」うえで，運
　　動の始まりを 1970 年代初頭に見ている。

この「青い芝の会」の減刑嘆願反対運動について，障害者は存在が認められず死んだほうが幸せと認識しているような状況がそもそも問題であり，親も結局のところ障害者の存在を認めていないことを指摘したのであるという。もう1つ重要なことは，この運動は健常者を告発するものであるとともに，障害者自身も自らを否定する観念を振り切り，自らを肯定することを呼びかけるものでもあったとしている。

「青い芝の会」の中心人物の一人であった横塚（2010：27）が示すように，脳性マヒ者のありのままの存在を主張することが「青い芝の会」の運動である以上，「泣きながらでも親不孝を詫びながらでも，親の偏愛をけっ飛ばさねばならない」のである。親だからといって障害者との関係が良好であるとは限らず，むしろ親だからこそ障害者を抑圧している場合もある。しかし，このように語る障害者自身も，親を完全に批判しているわけではない。岡原（2012：126）がいうように，そこには単なる親の愛情の否定でもなく，親への憎しみでもなく，親・家族（とりわけ，それらの人々が注いでくる愛情というもの）への，複雑で両義的な思いがある。

自立生活運動は障害者自身が，親をはじめとする社会の障害者への存在否定を鋭く糾弾し，親による愛情は障害者を抑圧するものでもあることを顕在化させてきた。それは，障害者と親との同居およびケア関係の課題と，「脱家族」というキーワードにもつながっている。

自立生活運動において主張された「脱家族」は，生活の場としての家庭，すなわち親元を離れ，親によるケアではなく家族外の人々のケアを受けて生活することのなかに，親の愛情に基づくケアそのものや親がケアを担わなければならないことに対しての，実際にケアを受ける立場からの疑義を含んできた。そして，「脱家族」の文脈のなかで障害者のほとんどが親元からの分離・独立を選択するのは，立岩（2012a：99）によれば，同居している限りは親との間の保護・依存関係を断ち切るのが難しく，また家族の中に介助者がいる限り，家族外の介助者もそれをあてにしてしまったり，家族が介助者に気を遣ってしまったりするからである。ここに，同居とケアを切り離すことの現実的な困難がある。

　先述の減刑嘆願への反対運動が始まったのと同じ 1970 年代に，国の施策として拡充路線がとられていた入所施設に対するさまざまな反対運動も行われている。その 1 つである「府中療育センター闘争」を取り上げた立岩（2012b：274-275）によれば，入所者も施設退所を目標とする人と，まずは施設改革を志向する人というように，その方向性は完全に一致していたわけではないが，施設の劣悪さの条件改善から始まり，そもそも特定の場所に分けられ，入所者への「処遇」が不足していると同時に余計な「処遇」を受ける必要がないこと，基本的には生活するのは施設の外であることを明らかにしていき，実際に少しずつ施設を出て生活する人が現れるようになった。

　日本の自立生活運動は，障害者自身が親への依存も入所施設も否定し，「親元でも施設でもない」地域の場で主体的に生活していくことを目指してきたものであり，後の「脱家族論」や「脱施設（化）論」の確立にもつながっていく。特に土屋（2009a）が，イギリスやアメリカの自立生活運動と比較した際に，両国の運動においても日本における「脱家族」の主張に含まれていた親を通した差別的意識，親のパターナリズムが存在しないわけではないが，施設と家族が同時に主題化されたことに日本の運動の特徴があると指摘しているように，日本の自立生活運動では，障害者と家族，特に親との関係の問い直しが，重要なイシューの 1 つとなっている。

(2) 知的障害者の当事者活動

　自立生活運動は身体障害者（主に脳性マヒ者）が中心となって展開されてきたが，知的障害者による当事者活動も 1990 年代前後から台頭し，同様の主張を提起してきた。ここでは「わたしたちは『しょうがいしゃ』であるまえに人間だ」との意味をもつ，「ピープルファースト」を見ていこう。

　杉本（2008：175）によれば，「ピープルファースト」はもともとアメリカの知的障害者当事者組織の運動スローガンであったと言われているが，1970 年代以降，各国の当事者組織の名称として広く使われるようになった。日本では 1994 年にピープルファーストの第 1 回全国大会が開催され，現在は各地のピープルファーストが活動を展開しながら全国組織としても活動を行って

いる。

　そのなかの1つである特定非営利活動法人ピープルファースト東久留米（2010：41-42）は、「一緒に考えてもらいながら、泊まりや長い時間で介護が必要な人がたくさんいます」[*2]と、知的障害者自身が日常生活でのケアのニーズを自覚していることを示している。そしてまた、「入所施設を出て地域で暮らす、大人になったら親元を離れて生活するということは、人としてあたりまえの生活を送るための権利」（同上：5）であることを明確に示している。

　ここに、自立生活運動で発展してきた「脱家族」ならびに「脱施設（化）」と同様の理念を見出すことができる。ケアのニーズがあっても親からケアを受けなければいけないわけではなく、むしろライフステージに応じて、親元から独立していく（もちろん施設入所ではなく）ことが切実に求められている。さらに「支援法[*3]や介護保険制度が地域で自立生活できない制度だということを、ぼくたちはわかっている」（同上：40）[*4]とあるように、知的障害者が親元でも施設でもない地域の生活の場で暮らしていこうとする際に、ケアの担い手の確保をはじめとするさまざまな生活基盤整備を社会的に取り組むことが必要であると、知的障害者自身が訴えていることがわかる。

　日本における障害者の生活の場としての「地域」は、「施設か親元か」の二者択一的な状況に対する障害者自身の抵抗の側面をもちながら、確立されてきたのである。しかし、「身体障害者の場合、脱施設と脱家族はセットで主張されるが、知的障害者の場合、脱施設は重要な論点となるが、必ずしも脱家族ではない」（新藤 2013：152）との指摘もある。本書もこの点に関連して、知的障害という特性を踏まえながら「脱家族論」を捉えていてく。

＊2　この部分に関しては、代表の小田島栄一によって著されている。
＊3　2005年制定の障害者自立支援法（現：障害者総合支援法）のことである。
＊4　前掲＊2に同じ。

2. 知的障害者と親との関係に関する研究動向
―― 主題化されてきた親からの自立

(1) 主題の変遷

　次に，日本における知的障害者と親の関係に関する研究動向を見る。

　まず障害児・者の家族を主題とした研究について，久保（1982：49）は，障害児をもつ家族はもともと障害児の背後に置かれて副次的に扱われてきており，意識的に関心が向けられるようになったのは 1970 年代中頃からであると指摘する。また土屋（2002：26-38）は，障害者家族[*5]に関する先行研究の系譜について，①家族ストレス論，②福祉の対象（社会福祉学），③社会学的視点の 3 つに整理し，特に社会構造などとの関連から障害者家族を論じる③社会学的視点に基づく研究は，「脱家族」論ともされ，従来の家族の介助を前提とした視点からの脱却が図られてきたという。しかし，障害をもつ当事者の視点が欠如していること，愛情や自助などの規範がどのように家族に影響を与えるかの実証的な分析が不足していること，家族内部の関係性についての議論が不十分であることなどの課題もあると指摘する。

　これらの整理を参考にしながら，特に知的障害者の親に焦点を当てた研究を概観すると，1960 年代前後からの心理学・教育学的系譜を中心とした親の障害受容過程の分析など（たとえば鑪 1963）や，1970 年代後半からの療育者としての親に関する研究（たとえば松本・藪内 1984）や，親の養育態度に関する研究（藤田 1976；木船 1981）などがある。1980 年代以降には，社会福祉学の観点から，親のストレスや負担に着目した研究（たとえば橋本 1980；三浦 1992）も増えてくる。

[*5]　土屋（2002：ii）において「障害者家族」についての明確な定義はされていないが，「障害者家族は，近代家族のもつ危うい構造や，愛情に関わる規範に起因する抑圧構造を，もっとも顕著に映し出す場所であるといえるだろう」とあることから，「障害者の家族」ではなく，「障害者を成員に含む家族そのもの」との意味をもっていると考えられる。これを踏まえ，本書で「障害者家族」というときには，「障害者を成員に含む家族」の意味で用いることとする。

　そして特に 2000 年代以降になると，親の役割や親子関係について，自立の
観点を意識しながら問題提起を行う研究が活発化してきている（川池 2003；
藤原 2006；中根 2006；西村 2007；植戸 2012；新藤 2013；田中智子 2013；
内田 2014；鍛治 2015；森口 2015；植戸 2019 など）。1990 年代以降の，知的
障害者の親によるケアや地域生活支援などをテーマにした先行研究をレ
ビューした植戸（2019：21）によれば，「社会福祉学の立場からの議論」と
「比較文化論・社会学の立場からの議論」の 2 つに大別でき，さらに「社会福
祉学」の立場には「制度論的視点」と「実践論的視点」の異なる 2 つの立場
が，「比較文化論・社会学」の立場には「家族研究的視点」と「社会学・障害
学的視点」の 2 つの視点がある。

　2000 年代以降の研究動向として，親側の知的障害者（ひいては知的障害者
へのケア）の「抱え込み」に焦点をあてつつ，「自立」や「親離れ・子離れ」
がキーワードとなっている。

(2) 2000 年代以降における知的障害者の親子関係・親からの
自立を捉えた研究

①親との同居と親によるケアの課題

　川池（2003）は，母親が知的障害のある子のケアを自ら抱え込み，ケア関
係が閉鎖的になっていることを指摘し，知的障害者の「自立」に向けては，
乳幼児期から成人期のトータルな支援および親が安心して子離れできる支援
が必要であるとする。また，知的障害者と母親の「親離れ・子離れ」問題に
関する研究をレビューした植戸（2012）も，「親離れ・子離れ」問題の背景と
して，①補完的な公的サービスの限界，②障害特性による親のパターナリズ
ム，③子どもの独立規範の欠如，④障害者に対する社会的抑圧があるとする。

　これらの研究に見られるように，知的障害者の自立を捉える際には，知的
障害者自身の自立だけでなく，親も知的障害のある子から自立していく必要
があることが注目されている。

　実際に知的障害者が親元を離れることで，親子の関係性や親の役割も変化
している。田中智子（2013）は，生活の場の分離が知的障害者自身の変化に

もつながり，そうした子どもの姿に触れることで親も自らの役割を位置づけ直しており，親役割の変容を誘導するような環境要因や社会・文化的な支えとして，親たちからは親同士の関係が家族に次いで多く語られたことを述べている。また内田（2014）は，知的障害者がグループホーム入居後に母子の接触が相対的に少ないタイプの母親たちは，ケアの主役を徐々にグループホームの世話人に譲っていく意識が見られる一方で，子どもとの接触が相対的に高いタイプの母親たちは，意識のうえでも子どもとのつながりが強く，世話人のできない部分を親の役目と捉えており，居住の場の分離というライフスタイルの大きな変更を伴う事態に対する意味づけの相違，すなわち子どもとの居住の場の分離とそれに伴う自身の役割変化に対する認識の相違が，双方のタイプを特徴づけていることを指摘している。

これらの研究においては主に，知的障害者の自立に向けた「親によるケアからの脱却」と「親との同居の解消」に焦点が当てられ，その際には親側も知的障害のある子から自立していく必要があることが指摘されている。

②親からの自立としての「脱家族」への親側の葛藤

しかし，自立や親離れ・子離れ，あるいは親の抱え込みが主題化され，「脱家族」が目指されるなかでも，そのことが常に前向きに捉えられるわけでもない。ケアから離れることへの親の違和感を指摘した中根（2010：113）は，知的障害者の親自身が親によるケアの限界を一番わかっており，自立生活運動が提起する「脱家族」の言説が正しすぎるがゆえに，親たちは言葉を返すのだろうと捉えている。

重症心身障害児の親である児玉（2013：77-78）も，「親が一番の敵」だという自立生活運動の主張が真実だと認めたうえで，「親が敵にならざるを得ない社会」にも目を向け，また障害者の尊厳と生命を切り捨てようとする社会に対して，障害者と親が共闘できる道もあるのではないかと呼びかける。これらの点に関して，知的障害者が親元を離れ，また親によるケアから離れて生活を営むことをひとまず自立とした際に，自立に対して知的障害者も親も積極性と消極性の両方を有し，「自立を求める障害者」と「障害者を囲い込み自立を阻む親」といった対立的構図には当てはまらない親子の姿がある（鍛

治 2015：25）。

　親側の葛藤を理解するうえで，上野のケアの人権アプローチが1つの参考になる。上野のケアの人権アプローチの四元モデルでは，ケアの人権として，①ケアする権利，②ケアされる権利，③ケアすることを強制されない権利，④ケアされることを強制されない権利という，ケアに関わる4つの権利を示している（上野 2011：60）。

　家族の自助原則に基づくケア規範への問い直しや，障害者自身による自立生活運動の主張は，親がケアすることを強制されない権利や，知的障害者が親からケアされることを強制されない権利の獲得に向けたものであるといえる。しかし，たとえば親が知的障害のある子をケアする権利を求めても，知的障害者が親からケアされることを強制されない権利を求めた場合に，両者が対立する可能性がある。これは逆の場合でも同様であろう。

　また，ケアがそのニーズをもつ者への応答行為であることから，親がケアを担おうとするのには「親だから」といった規範意識だけがあるのでもない。最首（1998：131）は，「行動原理の根底は内発的義務であり，その内容は『かばう』とか『共に』とか，『世話する』とか，『元気づける』であ」るという。ケアを必要とする，場合によってはケアが提供されなければ命に関わる状況にある人を目の前にしたときに，自身の内側から湧き出るような他者への応答も，ケアという行為に含まれているといえる。

　このように，ケアを担うことは親にとって一義的なものではなく，「脱家族」として知的障害者と親の双方の自立を問題としていくには，さまざまな葛藤が生じてくる。ケアを担うことの限界を自覚し，何らかのかたちでケアから離れることが選択されたとき，そのことは親にとって不本意で苦渋の選択であることがある。そこには，ケアを担っていきたいという積極的な思いが含まれていることもあるだろう。また，親が自覚する限界が必ずしも社会の側に認められず，「もっと頑張れるはず」というプレッシャーになることもある。このプレッシャーは親にとって，子どものケアから離れることへの罪悪感につながっていく。

　あるいは，知的障害者家族*6を取り巻く社会的背景と関連して，子どもへのケアの質の点から，親たちがケアから離れることに葛藤を抱くことがある。たとえば，知的障害者（あるいはその親）が抱えるニーズと，現在整備されている各種のサービスとのミスマッチが，「親がサービスを利用しようとしない」要因の1つの可能性として考えられる（植戸 2015：35）。さらに，親亡き後を支える具体的なサービスや方向性を模索する親たちが，福祉・医療・教育関係者に子どもが理解されない経験をしたことで，親の不安は解消されるどころかますます募っていく（西村 2009：161-162）。

　親たちが感じるケアの負担や限界は，福祉施策への要望運動などに見られるように，親のケア役割の規範を問い直し，ケアすることを強制されない権利の保障に向けた積極的な動機になる。しかし同時に，その具体的なかたちや子どもの生活への影響を考え，自分がケアを担えない状況に葛藤が生じてもいるのである。

③親からの自立に向けて積極的な意識をもつ親たち

　一方で，知的障害のある子の自立や親子関係の安定に向けて，親たちが積極的にケアから離れ，社会化に向けた活動をしていく場合がある。障害児・者の親たちの語りを集めた『もう施設には帰らない2』（「10万人のためのグループホームを！」実行委員会 2003）では，親がケアから離れることが知的障害児・者の自立にとって肯定的に働き，親子関係が良好になると捉えている親たちの語りが複数ある。親のケア役割の規範化が薄まり，あえて「ケアを担わない」選択が親たちに意識されているのである。この「ケアを担わない」選択が実現するには，子どもと親の双方の状況やライフステージ，人間関係，社会資源の整備状況など，さまざまな要因が関わってくる。したがって，この選択の契機は家族によってバラつきが生じる。また，すべてを親が担わないのか，一部を担わないのかなど，具体的な選択の範囲も一様ではない。

　だが，親たちが積極的にケアから離れようとしても，これまで親からケア

---

*6　先述の「障害者家族」と同様，「知的障害者を成員に含む家族」の意味で用いている。

を受けてきた知的障害者のほうが，その環境が変化した際に大きく動揺した
り混乱することがある。そして，わが子のそのような様子に向き合いながら
ケアから離れていこうとすることは，親にとっては本当にそれが最善の選択
なのかといった葛藤につながっていく。

3.　本書の立場と知的障害者の自立について

　ここまで見てきた知的障害者の自立や親との関係に関する主張や議論をも
とに本書の立場を示すと，土屋（2002）のいう社会学的視点を取り入れなが
ら家族内部の関係性に焦点を当てて，知的障害者の自立や親子関係を問い直
す系譜に位置づく。また，知的障害者がひとりの大人として主体的に生活を
営むために，自立生活運動で示された「脱家族論」の視点は非常に意義があ
ると考える。そして，自立や親離れ・子離れがスムーズに進まない場合もあ
ることを前提に，さまざまなかたちでの「親による支援」を完全には否定せ
ず，自立や「脱家族」をめぐって生じている葛藤や，知的障害者本人よりも
積極的に自立に取り組もうとする親たちの視点を，「脱家族論」を踏まえて知
的障害者の自立や親子関係を問い直す作業において，取り入れていこうとす
るのである。

　すなわち本書は，「脱家族論」を否定するのではなく，むしろ多様な自立プ
ロセスに向き合って知的障害者の自立を実現し，地域生活を支えていくため
に上記の視点を重視し，その意味で「親による支援」を位置づけながら，「脱
家族論」を再考していく。

　そもそも，知的障害者の「自立」とは，どのように捉えられるものなのだ
ろうか。障害福祉施策において「自立」が示されてきたことについて吉川
（2003：17-20）は，「自立」をどういう状態であると捉えるのかについての検
討があいまいなまま，施策目標の一部に取り入れられていると指摘する。そ
して，中心的に重要視されているキーワードごとに便宜的に，①身辺自立
（ADL の自立），②心理的・精神的自立，③経済的自立，④社会的自立，⑤自
律性による自立，⑥住環境自立，⑦発達段階に応じた自立，⑧意思表示によ
る自立，⑨目標概念としての自立に分類し，これらの「自立」概念の多様性

は，「自立」の主体として想定している人々の状態像（障害種別，程度）が異なっているために生じているという。

　一方，自立生活運動においては，従来の身辺自立や経済的自立（就労自立）に対して新たな自立観が提起されたことでも，社会的なインパクトがあった。西原は，全身性障害者の当事者運動において示された自立生活は，身辺自立や経済的自立ではなく，「家族や施設の庇護の下から出て，自分の暮らしを自分でコントロール出来る状態（つまり社会的自立）」（西原 2006：3）を指し，知的障害者はこの社会的自立にこそ困難を抱えやすく，これを公私の支援でカバーしながら成り立つ暮らしも，知的障害者の自立生活と称するべきではないかと提起している（同上：4-5）。また古川（2009：245-250）は，自立生活運動が提起した，何らかの支援（それは具体的な他者であることもあれば制度であることもある）を受けながらの自立について，「依存的自立」の概念を用いて，自己選択権や自己決定権が確保された状態のなかで，自分自身の人生を生きていくかたちでの自立と捉えることができるとしている。

　本書では，「知的障害者の親からの自立」といったときに，基本的には知的障害者が親元を離れて地域の住まいで生活し，それに伴いケアの担い手を親から家族外の支援者に移行することとして捉える。しかし知的障害者の地域生活支援においての「親による支援」の位置づけを問うものでもあることから，「親からの自立」は親がまったく生活に関与しないのではなく，知的障害者が自立を達成するうえでの「依存」の対象に親も含まれるものとする。その際には，特定の状態像を自立と捉えるのではなく，知的障害者と他者との相互作用を通じた関係性の変容として自立を捉える森口（2015）の視点も参考にする。

第2節　知的障害者の地域生活の現状

　知的障害者の地域での生活は，実際にはどのような状況にあるのだろうか。第1節で述べた同居とケアの担い手の関連性から，居住状況とケアの担い手の状況，およびこれらに影響する要因について示し，自立や親子関係の課題につながる「親依存」の生活状況を明らかにしていく。

1．知的障害者の居住状況

　内閣府の『令和5年版障害者白書』*7 によれば，日本における身体障害者(18歳未満の身体障害児を含む。以下同じ)，知的障害者(18歳未満の知的障害児を含む。以下同じ)，精神障害者*8 の人数(推計)は表1-1のとおりである*9。

表 1-1　日本の障害者の状況

(推計)

	総数	在宅者数	施設入所者数
身体障害者	436万人	428.7万人	7.3万人 （1.7%）
知的障害者	109.4万人	96.2万人	13.2万人 （12.1%）
	総数	外来患者数	入院患者数
精神障害者	614.8万人	586.1万人	28.8万人 （4.7%）

注1：精神障害者の数は，ICD-10の「V 精神及び行動の障害」から知的
　　　障害（精神遅滞）を除いた数に，てんかんとアルツハイマー病の
　　　数を加えた患者数に対応している。
注2：身体障害児・者及び知的障害児・者の施設入所者数には，高齢者
　　　関係施設入所者は含まれていない。
注3：四捨五入で人数を出しているため，合計が一致しない場合がある。
※括弧内の施設入所者数の割合は『令和5年版障害者白書』p.219 の
　「(2) 施設入所・入院の状況」をもとに筆者が追記した。
(内閣府『令和5年版障害者白書』p.220 を著者一部改変)

*7　『障害者白書』巻末の参考資料「障害者の状況」を参照した。
*8　『障害者白書』においては，身体障害者と知的障害者については18歳未満と18歳以
　　上で人数推計が示されており，18歳未満の障害児も含んだものとして用語の定義がな
　　されているが，精神障害者については20歳未満と20歳以上で区分され，18歳未満の
　　児童も含まれていると思われるが，用語に関しての注釈はつけられていない。本書も
　　白書の表記に準じ，基本的に身体障害者，知的障害者，精神障害者の語には18歳未満
　　の児童も含んだものとする。ただし，18歳未満であることが特に重要な意味合いをも
　　つと考えられる場合や引用の際には，「障害児」の表記を用いることもある。
*9　厚生労働省の「生活のしづらさなどに関する調査（全国在宅障害児・者等実態調査)」
　　(2016年)，「社会福祉施設等調査」(2018年)，「患者調査」(2020年) をもとに推計さ
　　れている。

14

　知的障害者は圧倒的に少ないが，複数の障害をもつ人もいるため，単純にはいえない。また，在宅者の推移（1995〜2016 年）を見れば，知的障害者数は増加してきている（内閣府 2023：222-223）。さらに，知的障害者の施設入所の割合が高いという特徴がある。特に身体障害者と比較すれば，高齢者関係施設入所者を除いた結果ではあるものの，障害福祉施策におけるいわゆる「入所施設」への入所に関して，その差は顕著に表れている。

　入所施設の拡充路線から地域移行・地域生活支援へと転換してきた日本の障害福祉政策であるが，こと知的障害者に関しては，施設入所によって生活を営んでいる人も少なくないのである。そして施設入所率の高さは，一見すると知的障害者が親の手を離れ，専門職による支援を基盤に生活していることの多さにつながるように見える。しかし，障害当事者の運動が主張してきたのは，施設でも親元でもない場での生活である。そして施設入所以外では，知的障害者の生活が親によって支えられる場合が多い現状がある。

　厚生労働省が在宅で暮らす障害児・者に対して実施した「平成 28 年生活のしづらさなどに関する調査（全国在宅障害児・者等実態調査）結果」によれば，65 歳未満の知的障害者[*10] の住宅の種類は「家族の持ち家」が半数を超え，「民間賃貸住宅」や「グループホーム等」[*11] は約 10〜15％である（表 1-2 参照）。同居者がいる場合が多いがほとんどは親で，身体障害者や精神障害者と比べて圧倒的にその割合が高く，逆に配偶者や子どもと暮らしている割合は圧倒的に低い（表 1-3 参照）。

　在宅の知的障害者は，グループホーム等で暮らしたり，一人暮らしをしている人も一定数いるものの，依然として自宅で親を中心とした家族と生活し

---

*10　同調査では取得している障害者手帳の種類を基準に集計されており，本書では療育手帳所持者を知的障害者，身体障害者手帳所持者を身体障害者，精神障害者保健福祉手帳所持者を精神障害者として捉える。なお同調査における 65 歳未満の療育手帳所持者は 79.5 万人（推計）であるが，住宅の種類については有効回答数 631 を基準に集計されている。

*11　同調査における「グループホーム等」とは，障害者総合支援法に基づくものだけでなく，介護保険法に基づく認知症対応型グループホームや，自治体独自事業によるものも含んでいる。

表1-2　在宅の知的障害者（65歳未満）の住宅の種類

総数	自分の持ち家	家族の持ち家	民間賃貸住宅	社宅・職員寮・寄宿舎等
100%	8.4%	53.9%	12.5%	0.6%
公営住宅	貸間	グループホーム等	その他	不詳
7.1%	0.2%	14.9%	0.8%	1.6%

（厚生労働省「平成28年生活のしづらさなどに関する調査（全国在宅障害児・者等実態調査）結果」p.18を著者一部改変）

表1-3　在宅の障害者（65歳未満）の同居者の状況（複数回答）

	身体障害者	知的障害者	精神障害者
総数	100%	100%	100%
同居者あり	84.1%	81.0%	75.0%
（複数回答）夫婦で暮らしている	52.1%	4.3%	27.1%
親と暮らしている	48.6%	92.0%	67.8%
子と暮らしている	29.9%	3.1%	15.5%
兄弟姉妹と暮らしている	13.3%	40.3%	19.5%
その他の人と暮らしている	2.6%	8.6%	4.8%
一人で暮らしている	12.2%	3.0%	18.6%
不詳	3.7%	16.0%	6.4%

（厚生労働省「平成28年生活のしづらさなどに関する調査（全国在宅障害児・者等実態調査）結果」p.19を著者一部改変）

ていることが多く，結婚や出産等により自ら家族を形成する機会が非常に少ないことがわかる。つまり，知的障害者の家族関係は，自らの選択・決定によって新たに形成していく生殖家族に比べ，生まれた際に関係が始まる親きょうだいなどと形成する定位家族（特に親）に限定されがちであり，親依存の生活になりやすいことは想像に難くない。

2. 在宅の知的障害者のケアに関する状況

(1) 在宅の知的障害者の主なケアの担い手

　知的障害者は生活を営むうえで，何らかのケアを必要とすることが多い。それは身体的な介助に限らず，見守りや声かけ，特有の行動特性やこだわりへの配慮など，個人のニーズに応じてさまざまである。しかし，このニーズに誰が応答するのかといったときに，親との同居という居住状況が密接に関わってくる。

　「どこで誰と住むか」と「誰からのケアを受けるか」は本来別のことであり，同居しているからといってその人からケアを受けなければならないわけではないし，またケアを担わなければいけないわけでもない。たとえば鍛治（2014：4）は，知的障害者の親子関係を分析するにあたってケアと居住の場を操作的に分離し，親と同居しながら主に親からケアを受ける「強いケア関係－同居」，親と同居しながらも主なケアはホームヘルプなどのサービスによって担われる「弱いケア関係－同居」，グループホーム入居や単身生活をしながら主なケアは職員や福祉サービスによって担われる「弱いケア関係－別居」，親と別居しているが定期的な訪問等によって主に親がケアを担う「強いケア関係－別居」の，4つの生活パターンから，親子間のケア関係の状況と同居／別居の状況を捉えている。

　しかし第1節で見たように，往々にしてケアのニーズをもつ人と居住空間をともにすることは，同居者がそのニーズに応答し，ケアの担い手になっていく場合が多い。知的障害者に限った結果ではないが，「きょうされん」*12 が2010年に実施した「家族の介護状況と負担についての緊急調査」（以下，「家族の介護状況調査」）では，在宅の障害者の主な介護者のうち母親が64.2%，父親が25.4%と，親（特に母親）によるケアに依存している傾向が指摘されている。本調査では居住の場や同居者の状況については示されていないが，

---

*12　前身は1977年に結成された「共同作業所全国連絡会（略称・共作連）」である。

同じく「きょうされん」が 2015 年度に実施した「障害のある人の地域生活実態調査」では，「誰と暮らしているか」（複数回答）で親が 54.5％と最多であることから，同居とケアが一体的になっていることがうかがえる。

(2) 親がケアを担い続けることの課題

　人は生まれてからその生涯を終えるまでの過程において，基本的にはライフステージの変化に応じてケアのニーズも変化する。しかし知的障害者の場合には，発達期を終えて成人してからも何らかのケアを必要とし，現状としては成人以降も親が引き続きケアを担い続けていることが多い。この状況に関し藤原（2006：38-39）は，質的には「成人障害者」へのケアに変化していても，親にとっては「子ども」のケアすなわち「育児」であることに変わりがなく，親自身もケアの質的な変化やそれに伴う自身の役割の転換をあまり意識していない面があると指摘する。知的障害者のケアを親が担い続けることは，ケアが子育ての延長に位置づき，知的障害者と親が互いにひとりの大人として関わることを困難にしかねない。

　また植戸（2012：2）が指摘するように，同居の親によるケアを受けている場合，親の体調等の状況などで必ずしもケアが安定的になされず，親の病気や急な入院等の事態によって緊急的に短期入所（ショートステイ）を利用した知的障害者が，そのまま施設入所に至ることも少なくない。親と同居し親からケアを受け続けることは，知的障害者の生活が親によって左右されやすいことでもある。

　親にとっても，自身が高齢化していくなかでケアを担い続けることは負担がある。先述の「家族の介護状況調査」（きょうされん）では，主なケアの担い手である家族[*13]は日々のケアについて，身体的負担，精神的負担，経済的負担を感じていることがわかっている。

　知的障害者が成人以降も親と暮らし続け，親からのケアを受けることは，知的障害者と親の双方にとって，一個人として自分らしく生活していくこと

＊13　本調査においては続柄別での分析は示されていない。

表 1-4　在宅の知的障害者（18 歳以上 65 歳未満）の一月あたりの平均収入

総数	0 円以上 ～ 1 万円未満	1 万円以上 ～ 6 万円未満	6 万円以上 ～ 9 万円未満	9 万円以上 ～ 12 万円未満	12 万円以上 ～ 15 万円未満
100%	13.9%	7.4%	40.6%	14.5%	8.2%

15 万円以上 ～ 21 万円未満	21 万円以上 ～ 30 万円未満	30 万円以上 ～ 50 万円未満	50 万円以上 ～ 99 万円未満	99 万円以上	不詳
4.1%	0.4%	0.4%	0.2%	0.9%	9.3%

（厚生労働省「平成 28 年生活のしづらさなどに関する調査（全国在宅障害児・者等実態調査）結果」p.54 を著者一部改変）

　を困難にしている現状がある。新藤（2013：42）が指摘するように，障害福祉政策の展開や社会全体の変化によって知的障害者の生活のあり方も多様化し，安定した生活を営むための保障も整備されてきたが，たとえばライフコースの視点から知的障害者の青年期以降に着目すれば，一見ノーマライズされた生活を送る知的障害者であっても，そこに世代というファクターを導入した場合，障害のないいわゆる一般の人々が取りうる人生の選択肢が排除されているのである。

　また，親との同居が多い背景には，知的障害者自身の所得状況も影響している。実際，在宅で生活する知的障害者の平均収入は低い傾向にある（表 1-4 参照）。

　たとえば高林（2008：61）は，障害者自身の雇用・労働条件の不安定さと各種法制度による所得保障の不備があり，障害者は家族と同居し，家族の扶養に頼らざるを得ない状況が生じているという。つまり，知的障害者自身が低収入でも，親との同居によって経済的不安定が解消されている可能性は高い[14]。

---

*14　なお，親による経済的支援は在宅生活者に限らず，たとえば峰島（2003：22-24）はNPO 法人大阪障害者センター・障害者生活支援システム研究会による調査結果から，入所施設利用者の保護者が家計を削って障害者本人の小遣いやその他費用を出費している可能性を指摘している。

　このように知的障害者はさまざまな面で，地域生活において定位家族，特に親に依存的な状況にある。それにより，親の状況によって知的障害者の生活が左右されやすく，いつまでも「子ども」の立場に置かれて，ひとりの大人として主体的に生活を営むことが困難になりがちである。親への過度な依存状況から脱却し，成人以降の親との関係をあらためて問い直し，ライフステージに合った生活を営んでいくことが課題となっているのである。

3．知的障害者の結婚・出産をめぐる課題と親への依存

　本書は特に知的障害者と親との関係に焦点を当てているが，在宅の知的障害者の居住状況として夫婦で暮らす，子と暮らす割合が極端に低いことから，親に依存する背景のひとつとして，知的障害者の結婚・出産をめぐる課題にも触れておく。

　2018 年 1 月に，宮城県在住のある知的障害者の女性（当時 60 歳代）が義理の姉とともに，旧優生保護法（1948～1996 年）に基づいて強制的に不妊手術を受けさせられたことについて，国に対して謝罪と補償を求めて提訴した（『朝日新聞』2018）。これをきっかけに各地で同様の経験をした人々が少しずつ声を挙げ始め，彼ら・彼女らを支援し，あるいはともに闘う団体が現れてきた[15]。メディアでも頻繁に取り上げられるようになり，全国で当時の記録の見直しや開示の動きが出てくるなど，大きなうねりとなったことは記憶に新しい[16]。

　現在も実際に，知的障害者が結婚や出産・子育ての意思や希望を表明した際に，親や周囲の人々から反対を受けることが少なくない。その理由として

---

[15]　こうした機運はこんにちになってはじめて現れたものではなく，1997 年に，1970 年代までスウェーデンなどで障害者への強制不妊手術が行われていたことが発覚し，日本でも当事者および支援者による組織の発足や行政への要望書提出などがなされた（『朝日新聞』1997）。

[16]　全国優生保護法被害弁護団によれば，これまでに 11 地域で 38 名が優生手術をめぐり提訴しており，なかには原告の障害当事者が亡くなった例もある（2023 年 7 月 18 日時点）。2022 年 2 月 22 日には，大阪高裁で法の違憲性および国の賠償責任が認められ，初めて原告が勝訴した。

秦（2000：3）は，知的障害という障害特性より予想される結婚・出産やその
後の生活維持の困難から，周囲が消極的になり，また何かあった際に誰が責
任を取るのか，子どもが生まれた場合には誰が面倒を見るのかといったこと
が問題になることを指摘している。また，高等養護学校に在籍する知的障害
者の保護者への質問紙調査を実施した宮原・相川（2001：64）は，約8割が
知的障害をもった子どもの性的発達を認め，性教育の必要性も認めていた一
方で，結婚や出産，性行動についての対応，意識には戸惑いがみられ，現実
的な性に関する心配事が挙げられたとする*17。

　親たちのこうした思いや心配は何も親たちだけというのでもなく，社会全
体における知的障害者の結婚・出産への認識の一端が表れているだろう。
「知的障害に伴う支援」を必要とする人々の結婚をテーマとすること自体が自
身の無知と偏見であるとする小田原（2000：252）が，このことは社会の無知
と偏見でもあるとするように，知的障害者の結婚を問題とするのではなく当
然の選択肢として，また当然の権利だとするような地域社会を作っていく必
要がある。

　知的障害者の地域生活とは，グループホームへの入居やアパート等での一
人暮らしに限らず，結婚や出産・子育ても含め，多様に成り立ちうるもので
ある。本書は知的障害者の地域生活支援について，ケアの多元的社会化と親
からの自立に着目しているため定位家族のみを取り上げているが，知的障害
者が生殖家族を形成していくこと，そのための支援を行うことも必要である
と認識していることを付記しておく。

---

*17　知的障害児・者への性教育に関して，いわゆる「寝た子を起こすな」として親たち
　　から反対されることがある。しかしこれは一方では，知的障害者が自身の心身機能の
　　性的な発達を理解することを妨げてしまうことでもある。性教育の機会から遠ざけな
　　がら，「知的障害ゆえに結婚や出産は難しい」というのは，ある種矛盾しているといえ
　　るだろう。なお2006年の学校教育法一部改正により，従来の盲・聾・養護学校から特
　　別支援学校に制度転換されたことを注記しておく。

第3節　知的障害者の障害特性とケア

　親への依存的状況を変えていくためには，知的障害者のケアが社会的に担われる必要があるが，ケアとは当然のことながら，それを必要とする者のニーズに合わせて行われる必要がある。このニーズの表出とそれへの応答という相互行為に知的障害という特性が影響しており，この特性は親子関係にも影響を及ぼしている。

1. 知的障害の概念とその特性

　日本では知的障害について法的な定義がなく，社会通念的な理解に基づいている。中野（2009）は，これまでの社会における認識のされ方や規定のされ方に身体障害と知的障害で差異があり，「生活の支障性」としてどのように「知的障害」を対象化するかという課題があるとする。そして「精神薄弱者福祉」あるいは「知的障害者福祉」は，その展開において「知能が低い」ことが問題と結びつけられ，「特殊化された機能」として位置づけられてきたことを指摘している。

　厚生労働省による「知的障害児（者）基礎調査」においては，知的障害は「知的機能の障害が発達期（おおむね18歳まで）にあらわれ，日常生活に支障が生じているため，何らかの特別の援助を必要とする状態にあるもの」との定義が示されている。また，①「知的機能の障害」（知能指数がおおむね70まで）と，②「日常生活能力」（自立機能，運動機能，意思交換，探索操作，移動，生活文化，職業等）の到達水準を判断基準として，さらにこの2点に加えて「保健面・行動面の判断」を障害程度判定に付記するとしている。

　他に，参考としてアメリカ精神遅滞学会（American Association on Mental Retardation：AAMR）の定義を見ると，知的障害は現在の機能が実質的に制約されていることであり，知的機能が有意に平均以下であることを特徴として，適応スキルの領域（コミュニケーション，身辺処理，家庭生活，社会的スキル，コミュニティ資源の活用，「自律性」，健康と安全，実用的学業，余

暇，労働）で２つ以上知的機能と関連した制約をもち，18歳以前に発症するとされている（アメリカ精神遅滞学会（AAMR）編・茂木監訳 1999）。

　これらの定義からひとまず，「知的障害」には，「知的機能という器質的な制約」「日常生活および社会適応上の困難」「発達期までに顕在化」といった特徴があるといえ，知能指数が一定の判断基準として用いられている。なお他の障害と重複して現れる場合もある。

　これらの捉え方とは別に，知的障害を器質的要因ではなく，環境との相互作用に着目して捉える視点が提起されている。三井（2011：228-230）は「できない」ではなく「わからない」という観点から考えることを提起し，「わかる」「わからない」の成立には常に複数の主体が関わっており，その意味で知的障害は，複数の主体の間の相互行為のなかに存在するという。この三井の指摘から，知的障害者の理解力や伝える力ということだけでなく，知的障害者に対する相手側の伝え方・受け止め方の問題でもあることがわかる[18]。知的能力という機能的特質（インペアメント）のみで「障害」とするのではなく，むしろ個人と環境との接点において生じる生活上の困難（ディスアビリティ）を「障害」と捉えるのである[19]。

2. 知的障害者のケア──ニーズの表明と自己決定・意思決定の支援

　次に知的障害者の具体的なケアの内容として，どのようなものが挙げられるだろうか。たとえば身体的介助を必要とする場合もあるが，知的障害者の場合には動作は可能でも，その動作に関わる認知や判断において，何らかの支援ニーズをもつことも少なくない。必要に応じて動作を行うタイミングや，次の動作の内容を伝える，安全に動作を行えるよう近くで見守るといったこ

---

[18]　しかし現実として，三井（2011：231）は「知的障害者」とされる人たちに，「わからない」という痛みやしんどさだけでなく，そのことを一方的に自分自身の責任にされるという意味での二重の痛みやしんどさが課せられるという。

[19]　この捉え方は「社会モデル」とも呼ばれ，現在は障害者基本法などでも「社会的障壁」が明記されている。

とや，何らかのこだわり行動への対応など，幅広いケアを必要とする。

　いわゆる障害の程度によっても，一人ひとりのニーズは多様に現れる。自閉症がある娘をもつ竹内とダウン症がある娘をもつ藤谷は，子どもの身体的介助の必要度が高く，日常生活動作（ADL）を 24 時間にわたり支える親の体力的・時間的負担が生じる場合や，身体的介助は必要とせずとも自ら行動するなかでの金銭管理上のリスクや周囲とのトラブルの可能性と，それに対する親の不安や対応の必要性など，知的障害者家族といえどもケアの具体的行為のあり方は家族ごとに大きく異なることを実感している（竹内・藤谷 2013）。

　また，知的障害という特性から，ニーズをどのように把握するかに関わる議論がしばしばなされてきた。中根（2006：24）は親による子どものケアについて，子育てにおいて特に知的障害を伴う場合は，子のニーズは親側から定義を行うことになり，親子関係に「知的障害」という特別なニーズが埋め込まれている可能性があると指摘する。この点は，知的障害者の自己決定・意思決定をめぐる議論と関わってくる。

　第 1 節で見たように，知的障害者の「自立」は何らかの支援を受けながら成り立つものであり，それは自分の生活を自分でコントロールしていくことへの支援を含んでいる。したがって，自分のニーズを表明したり生活上のさまざまなことを決定したりすることに他者の支えを得ることも，自立と相反することではない。知的障害者の場合は特に，こうした意思決定への支援を必要とすることが多い。

　しかし，このように捉えても，依然として課題が残る。1 つは，自己決定・意思決定への支援がなされながら知的障害者のケアニーズが表明されて，ケアが行われるとしても，自己決定・意思決定の支援そのものが容易ではなく，パターナリズムとなる可能性が常に残ることである。自己決定・意思決定の支援については，決定がなされるその瞬間だけの支援ではなく，物事の認識から始まり決定内容を実行していくといった，プロセスとして支援することが指摘されている（たとえば小林 2000：鈴木 2004）。このプロセスにおいて，知的障害者が「わかる」ように情報などを伝える必要がある。しかし時に，

知的障害者が表明する意思の内容を周囲が推測する必要があり，またその推測が正しいのかについても，再度の知的障害者とのやり取りを通して推測しなければならないことがある。あるいは，より広く他の人々に知的障害者のニーズや意思を伝える必要がある際に，それらを汲み取った者が代弁することがある。こうしたときに，知的障害者の思いとは異なった解釈をされてしまうことがある[20]。

　もう1つの課題は，誰がニーズの表明や自己決定・意思決定を支えるのかということである。そしてこれは長年，「知的障害者の気持ちを最もよく理解できるのは親である」とされ，依然として根強く残っている。ここにも，知的障害者と親との強い結びつきを前提として，知的障害者のケアを親に促す力が働いている。しかし，ケアとは受け手と担い手の相互行為であり，障害児・者の微妙な体調変化や固有のニーズ表出を読み取るには，日常的な関わりが重要になる。藤原（2006）が指摘するように，そのケアを親（特に母親）のみが担うことで，子どものサインを読み取れる人・関わる人が限定され，結果として「親（母親）が最適なケアの担い手」とされていくのである。

　知的障害者の障害特性として，自身がもつケアニーズを具体的に自覚することや，ニーズを表出することが難しい場合も多く，自己決定・意思決定の支援や，周囲がより積極的に関わってニーズを引き出したり，多様な体験の機会を創出することも重要であるが，親でないとそれができないわけではない。同時に，親に依存してはいけない，親が応答してはいけないというわけでもないだろう。むしろ「すべき」や「いけない」と断定し，規範性を帯びることに今少し慎重になり，はっきりとは線を引くことができない割り切れなさのようなものに寄り添っていく必要性を，本書では示していく。

---

[20]　さらに，しばしば自己決定の支援において，支援者の方が知的障害者に対する権力をもつこともあり，西村（2006：79）は知的障害者が支援者の価値観と同様の価値基準を示したときのみ自己決定が受け入れられ，知的障害者が示す意思よりも支援者側の価値観が優先されることを指摘している。

第4節　ケアの多元的社会化の視点——知的障害者の「親からの自立」に「親による支援」を位置づける試み

　親依存の現状の課題，親がケアを担い続けることの課題がさまざまにあり，ケアを社会化することは重要な課題である。しかし，知的障害者の「親からの自立」に向けて，知的障害という特性を踏まえながらケアを社会的に担っていこうとするときに，家族内で担われていたケアから，より広くいえば親から何らかの支援（あるいは関与）を受けることから，完全に脱しきることは可能だろうか。

1. 家族内でのケアという行為とケアの社会化論

(1) 家族ケアの特質
　「ケア」という言葉は多義性が指摘されており，配慮や気遣いなどから，具体的な世話や専門性に基づく行為などの複数の観点から，その意味の整理がなされたり（たとえば広井 2000；長谷川 2014），消極的な意味と積極的な意味の二面性の指摘がなされたり（結城 2013）している。また関係性に注目して，ケア行為の相互行為性とともに，ケアのニーズをもつ者はケア関係を解消することが困難であることによる，ケアの受け手と担い手の関係の非対称性が指摘されている（上野 2011；松島 2002 など）。
　上野は，メアリ・デイリー（Daly, M.）らによる「依存的な存在である成人または子どもの身体的かつ情緒的な要求を，それが担われ，遂行される規範的・経済的・社会的枠組のもとにおいて，満たすことに関わる行為と関係」（上野 2011：39）というケアの定義を採用している。そしてまた，ケアとは依存的なニーズをもった他者の存在を前提として，受け手と担い手がその時・その場を共有することを要求する相互性を持った行為であり，さらにその両者の間には関係からの退出可能性の有無という点で，決定的な非対称性があるとする（同上：134-139）。本書ではこの上野の指摘を踏まえてケアを捉え

ていく。

　これらのケアに関する議論を整理した鍛治（2019：57）は，ケアは受け手のニーズへの応答として空間と時間を共有しながら対面的になされる相互行為であり，しかしそれは個々のニーズの表出－応答のやり取りのプロセスにおいて必ずしも良好な関係が形成されるとは限らず，技術的要素を含んだ行為レベルの質だけでなく，関係性の質も「ケアの質」をはかる要素であるとしている。

　さらに，ケアを労働としての側面から分析している研究（副田 2008 など）もある。上野も，生誕から死亡までの人間の生命のサイクルのすべてに関わる労働としての再生産労働に，育児・介護・介助を含めてこれらすべてを包含する上位概念としてケアを置き（上野 2011：93），ケアを移転可能な労働だとみなすことで，何が移転も代替も不可能なのかをあぶりだすことが可能となると指摘する（同上：136）。

　この移転・代替可能性を検討することは，ケアの担い手を家族からその他の人々へと移行することを捉えるうえで非常に重要である。なぜなら，親をはじめとする家族によるケアは，担い手である親などに，家族そのものに対する主観的評価はともかく，民法を基盤とした制度的な規定と「血のつながり」という点で，容易には代替不可能な立場性がある。そのため，現実には親などの家族以外の存在，労働者としての専門職などがケアを担い，むしろそのほうが行為としてのケアの質が高くても，親などの代替不可能な立場性を根拠として，親の代わりにケアを担うことを困難とみることがある。

　「家族によるケアと家族へのケアという相互的な関係」（庄司 2013：46）を指すものである家族ケアは，家族関係とケア関係が二重になることで，家族関係がもつ特質とケア（関係）そのものがもつ特質が合わさって，家族以外の担い手がケアを実践して受け手と関係性を築くのとは異なる性質を有している。家族ケアには，山田（1994）が指摘する，近代社会における家族に原則化・規範化されてきた家族内の自助と愛情や，野崎（2003）が指摘する，私領域としての家族がもつ相対的な閉鎖性と他者の目の届きにくさ，庄司（2013）が指摘する無償・無限定な側面などが絡み合ってくる。また，担い手である

家族が何らかの事情によってケアを行うことが困難になった場合は，家族ケアそのものが困難になり，ケアの継続という点での限界を抱えている。

　さらに庄司（2013）は家族ケアの特質として，家族という他にかえがたい存在によって担われることを挙げ，ケアの受け手が他の誰でもない特定のその人からケアを受けたいという願望をもつ場合，ケアの質をめぐる議論を一気に超えてしまうことを指摘しながら，これが家族ケアにつきまとう問題でもあり，家族ケアの価値でもあるとする。

　つまり，家族という代替不可能な関係に基づくケアは，「家族だからこそ」の価値と課題を同時にもっているのである。

(2) ケアの社会化論——ケアを社会化するなかでの家族の位置づけ

　家族内で担われているケアを家族外へと代替・移転していくことは，「ケアの社会化」とも呼ばれる。市野川・杉田・堀田（2009）によれば，財源確保やケア労働従事者についての問題提起とともに，ケアの脱家族化という意味で「社会化」の言葉が用いられる文脈がある。また田中耕一郎（2013）は，ケアを発動する契機となる人的・物的資源である「ケア資源」の分配の必要性を説き，ケアが権利として保障されるための制度的承認であり，その分配の公的保障を意味する「ケアの制度化」が求められるという。

　これらの指摘から，ケアの社会化に関する議論には大きく2つの文脈を見出せる。1つは，ケアのニーズをもつ人に対して，親などの家族でなければ誰が具体的な行為によって応答してケア関係を築いていくかという，個人レベルでのケアの担い手に関する議論である。家族ケアの特質と脱家族化としてのケアの社会化，そのなかでの家族の役割の残存・変容は，この文脈に位置づくものとして考えられる。

　もう1つは，個別具体的なケア行為がどのように安定的に確保できるかという，ケア行為ならびにケア関係を支えるための基盤整備に関わる議論である。ここでの基盤整備とは，ニーズを持つ人の生活全体を支えるためのシステムづくりに関わることを意味する。たとえば実際にケア行為を実践するのは具体的な個人であるが，その具体的なケアの担い手が所属する組織として

ケアのニーズに応答することで，安定的なケアの確保とともにケアの担い手も支えることになるだろう。さらに，より多数・多様なニーズに応じていくための地域レベルでの整備，そしてそれらを根本的に支えるものとしての施策の整備など，多様なレベルがある。

　しかし，ケアの社会化とは，基本的な方向性としてケアの脱家族化を志向するものであるが，実質的には家族が完全に切り離されるのではなく，むしろ何らかのかたちで間接的に家族がケアに関与する状況が残っている[21]。この点は，ケアを分配するための「良質な準市場」が決定的に必要であるという，下夷が指摘する家族によるケアサービスのマネジメントやモニタリングといった間接的なケア（下夷 2015：59）や，上野が指摘する，「要介護者にとって何がいちばん適切かを（当事者がそれをできない場合には）代行して決定する意思決定労働」を含んだものである，家族の「ケア責任」（上野 2011：155）として現れている。

　家族のケア責任に意思決定の要素が含まれるならば，今後のケアの社会化の発展において，意思決定に何らかの支援を必要としやすい知的障害者へのケアをめぐって，あらためて家族の位置づけを考える必要があるだろう。

2. ケアの多元的社会化の視点

(1) ケアの多元的社会化とは

　本書では，ケアの社会化のもつ多元性をより明確にすべく，「ケアの多元的社会化」としてケアの社会化を捉える。あらためて整理するとケアの多元的社会化とは，①個人レベルで具体的なケア行為を行う主体を，家族以外に拡大・移行していくこと，②組織・団体の実践を通じた協働によって，個別具体的なケアを地域レベルで支援すること，③家族に過度に依存せずにケアのニーズを満たしながら地域生活を営むために，制度レベルで基盤を整えることとする。

---

*21　なお井口（2010：171）によれば，ケアの「社会化」という動きがもたらしたのは，すべてを家族の外部が担うのではなく，家族のケア役割や責任意識が残ったまま分担していかなくてはならないという事態でもあった。

　本書はこのケアの多元的社会化の視点から，親が知的障害者の自立とケアに関与しうる可能性を問い，親からの自立としての「脱家族論」の再考を試みる。そして，本書はケアの脱家族化を基本的に志向しつつも，社会化の文脈において，多様な意味で親を完全にケアから排除することの困難さを認識し，また完全に排除することへの疑問を持つ立場にある。また，前述の知的障害者の自立とケアに対する親の関与とは，個人としての関わりだけでなく，親の会などの組織的な活動を通じた関与も含めている。

　なお，知的障害者に焦点を当てたケアの社会化に関しては，先述の「ケアの制度化」（田中耕一郎 2013）の他に，中根が「ケアの社会化」の語に対して提起した，「ケアを外部化できるものとそうでないものに分け，家族も含めた多元的なケアの担い手により分け有すること」としての，「ケアの社会的分有」（中根 2006：147）がある。中根はこの概念についてまずケアのプロセスという考え方から，配慮する人，ケア責任をもつ人（具体的にはケアプランを作成する人），ケア提供する人というケアの担い手を多元化することと，ケアの予測可能性・継続性を同時に満たすケア環境をいかに構築するかという，2 つの課題の浮上を指摘する（同上：131）。そして，ケアのニーズを満たし（ケアの分節化），なおかつ継続可能なシステム（予測可能性の高まり）をどのように成し遂げていくのかの課題を「ケアの社会的分有」と名づけ（同上：139），目指す地平は家族ケアの過剰な意味づけを緩和していくことであるとする（同上：161）。

　また植戸（2019）も，「社会的ケア」の概念から「脱親」を志向し，そのためのソーシャルワーク実践としての相談支援のあり方についてのガイドを提示している。そしてソーシャルワークの視座として，マクロ・レベルでの時代的・文化的・社会的背景の存在も意識し，「『母親と母親を取り巻く身近な人たち，関係機関・団体，地域社会などとのダイナミックな関わり』をシステムとして読み解き，知的障害者本人や母親への働きかけを含めて，さまざまな介入のチャンネルを活用することが望まれる」（植戸 2019：174）とする。さらに親の会の取り組み事例から，「親の取り組みに対して積極的に参画し，『アドボカシーを通じて，親と相談支援従事者が協働する』ことも望まれる。

このような親との協働が，脱親支援の1つのきっかけともなろう」（同上：178）とも指摘している。

　中根（2006）や植戸（2019）の視点は，ケアを社会化していくうえでの親の位置づけや，親と支援者との協働のあり方，ケア環境あるいはシステムの重要性の指摘等の点で，本書のケアの多元的社会化と通じるものが多い。特に中根（2006）の議論は，ケアの社会化に対する親の違和感を踏まえ，ケアの担い手に家族を含めている点で本書と立場性が近いといえる。しかしこれらの研究は，主に個人レベルでのケアの担い手の移行に関わる親の思いや支援のあり方に重点がある。それに対して本書は，これらの議論と問題意識を共有しつつ，親の会等の実践も含めた地域生活支援システムの視点から，ケアの社会化と知的障害者の自立を捉える点に独自性がある。

　なお関連する研究として，山下・根來（2020）が発達障害児の家族支援システム構築に向け，発達障害児の「社会的ケア」について，国レベルにおけるケア供給の実態（マクロレベル），ケア供給に関わる地域構造（メゾレベル），ケア供給に関する家族の選択構造（ミクロレベル）の3つのレベルから，発達障害児のケア分担の実態を検証している。本書が「ケアの多元的社会化」としてケアの社会化の多元性を強調しているように，山下・根來（2020）も国・地域・家族の3つのレベルを同時的に捉え，地域における親の会の役割への着目も本書と類似の視点である。しかし山下・根來（2020）の研究においてはケアラー支援制度の国際比較をはじめ，発達障害児の家族（特に母親）に対する支援に重点があり，本書とは問題意識が異なっている。

(2) ケアの多元的社会化と「親による支援」

　本書は先述のように，ケアの多元的社会化の視点から，親が知的障害者の自立とケアに関与しうる可能性を問い，親からの自立としての「脱家族論」の再考を試みる。

　家族の関与の極端な否定が，逆に「社会化すべき」という新たな規範につながりかねないだろう（鍛治2019）。そして，社会でケアを担う体制を整えるうえで家族を排しようとすれば，「家族」対「社会」の構図を生み出し，社

会と接点を持つ機会が失われてしまう可能性もある（鍛治 2019：63）。これらを踏まえ，本書はケアを含めた家族からの支援も，知的障害者の地域生活を支える 1 つの選択肢と捉える。

　なお，本書では「知的障害者の親からの自立」は，第 1 節で述べたように親元を離れた暮らしを想定しているが，「地域生活支援」については家族との同居も含め，施設入所ではない生活を支えるものとして捉える。しかし知的障害者の地域生活支援において，「親による支援」があくまで 1 つの選択肢として位置づくには，親がケアを担わなくてもよい体制が社会的に整備されることが必要である。だからこそ本書は，ケアの多元的社会化の視点を用いながら「親による支援」を絶対的なものとするのではなく，地域生活支援システムを形成することでこそ，あらためて「親による支援」がもつ意義や親からの関与の可能性が現れうると捉え，根底では先行研究と同様の立場をとるものである。

　また「地域生活支援システム」とは，従来の社会福祉供給システムと区別する小松（2011：41）の定義，「地域生活の実現を目的にして，公的サービスはもとより，インフォーマルサービス，場合によってはサービスという類型にはなじまない様々な相互支援・共生の営みをも生活支援の手段の一部に位置づけ，これらを利用者のニーズに応じて組み合わせて提供することを可能とするシステム」に依拠する。小松の定義が既存の社会福祉サービス以外の多様な支援の営みをも含んでいる点が，地域生活支援システムのなかでの 1 つの選択肢として「親による支援」を位置づけようとしている本書にとって有効であると考える。地域生活支援システムに着目することで，ケアの多元的社会化の基盤整備や，知的障害者の自立に対する親の会などの組織的な実践まで含むことが可能になる。

　これらを踏まえ本書は，ケアにおける他者への応答や他者志向性の観点から，これまで問題化されてきた規範化された家族愛や，親によるケアの自明視とは別に，親が何らかのかたちでケアに参与する可能性を，ひいては親と家族外の支援者の協働というかたちでのケアの多元的社会化の可能性を，模索するものでもある。

第2章 知的障害者の地域生活支援における親

　本章では,「親による支援」を位置づけるうえで,そもそも知的障害者の親はどのような状況に置かれてきたのかを概観する。その際に,ケアの多元的社会化の視点を踏まえ,制度レベルに関わる視点として日本の知的障害者の支援制度の展開における親の位置づけを,地域レベルに関わる視点として地域社会における障害者や親の孤立の課題を,個人レベルに関わる視点として親自身が生活上で抱えるニーズを,それぞれ整理している。

　入所施設整備から在宅生活支援へとの施策の転換は,親によるケアが暗黙のうちに求められてきた側面がある。また,「自立」の言葉が積極的に用いられ,親からの自立が重要な課題の1つとして位置づけられてきたなかでも,知的障害者やその家族に向けられる目や,地域において置かれている現状が家族内の関係に影響を与えている。さらには,家族としてお互いに近づいていくような思いもあり,これらの要素が絡まりながら,親からの自立や脱家族がスムーズにはいかない状況が生じているのである。

第1節　知的障害者福祉施策の展開と親の位置づけ

　日本の知的障害者の福祉施策はどのように展開してきたのだろうか。本節では特に,成人の知的障害者に対する支援法である知的障害者福祉法(旧:精神薄弱者福祉法)制定以降の展開と,そこにおいて親がどのように位置づけられてきたかを整理する。

1. 知的障害者福祉法（旧：精神薄弱者福祉法）の制定と
　入所施設の拡充路線

　1947年に児童福祉法が制定された際に知的障害のある児童への入所施設が整備されたが，成人の知的障害者への公的支援はなく，また児童の入所施設も18歳になった後の行き場の問題から，成人を対象とした支援が切実な課題となっていた。そのような状況のなか，1952年に発足した知的障害者の親の会である「手をつなぐ育成会」*1 が中心となって，親たちが熱心な要望運動を行ったこともあり，1960年に精神薄弱者福祉法が制定された。なお，1998年に「精神薄弱」という用語を「知的障害」に改め，法律名も知的障害者福祉法に変更された。

　このとき，知的障害者への公的支援として重点的に取り組まれたのが，入所施設の整備・拡充である。この背景として要田（1999：187）は，入所施設は家族にとって，最終的に他に頼るところのない場所であり，入所施設の拡充は，当事者ではなく親の声を反映してきたものだといえると指摘している。

　また赤塚（2008：62-63）は，法の制定による施設入所の重視は，知的障害者への基本的な福祉施策が隔離主義に基づくものでもあったことを示している。その隔離主義的施策の一面を表すものが，1960年代後半から注目され急速に発展した，コロニーと呼ばれる大規模入所施設である。具体的な展開としては，首相の諮問機関である社会開発懇談会によるコロニー設置の提言（1965年），入所更生施設に重度知的障害者を対象とした棟の設置（1968年），社会福祉施設緊急整備五か年計画の策定（1970年）など，親たちの要望運動も受けて入所施設の整備が進められていった。

　さらに親の位置づけという点でみると，知的障害者福祉法第15条の2の第1項で「配偶者，親権を行う者，後見人その他の者で，知的障害者を現に保護するもの」を「保護者」と定めており，この「保護者規定」が，障害者が世話・扶養を受ける存在とされていることを顕著に示し，現在もほとんどの

---

*1　当時の名称は「精神薄弱者育成会」（別名「手をつなぐ親の会」）である。

場合，親やきょうだいが保護者の役割を担っており，加えて保護者の高齢化の傾向がある（土屋 2010：228）。

　また，1970年制定の心身障害者対策基本法（現：障害者基本法）も制定当初，第24条で父母やその他の養護に当たる者が死後に障害者の生活を懸念することがないように，障害者福祉施策の策定・実施に当たることが規定されており，土屋は，障害者のケアあるいは扶養は，家族（特に親）が限界まで行うことが前提とされていたといえるとしている（土屋 2002：61）*2。

　一方，1973年のオイルショックを背景に，日本の社会福祉施策は施設中心のあり方を見直し，転換していくこととなった。家族の役割が強調されながら在宅福祉の充実を図る，いわゆる「日本型福祉社会」である。これは中山（2008）や堀内（2013）が指摘するように，公的な在宅サービスは，あくまでも家族が知的障害者をケアすることを補完するものとして位置づいていた。また，欧米の脱施設化と知的障害者の入所施設閉鎖の方向性に対して，日本の入所施設は「日本の地域移行の取り組みでは在宅・地域福祉サービスと結合しながら，その役割が維持・拡張された点に特徴がある」（鈴木 2010：116）との指摘もある。

2. ノーマライゼーション理念の普及と地域生活支援への転換

　1981年の国際障害者年を契機に，欧米において知的障害者の入所施設の劣悪な環境の問題提起と，「ノーマルな生活」を求めて誕生・発展してきたノーマライゼーションの思想が日本でも広がり，知的障害者への支援施策も，入所施設からの地域移行・地域生活の推進と在宅福祉サービスの拡充へ舵を切っていく。

　1989年には，精神薄弱者（現：知的障害者）地域生活援助事業の名で，グループホームが制度化された。渡辺によれば，グループホームは「在宅か施設か」というそれまでの二者択一的な状況に対し，新たな第三の地域の住ま

---

*2　なお，1993年の障害者基本法への改正後，2004年の改正時に「家庭」や「父母」の文言は削除されたが，土屋は実態として成人後も障害者の世話は親などが行い，親亡き後の生活が問題となる状況はあまり変わっていないと指摘する（土屋 2010：227）。

いの場として知的障害者の生活の場の選択肢を広げた面をもち（渡辺1997：58），期待が寄せられてきた。そして，1990年の社会福祉関係八法改正により，在宅福祉サービス整備の方針が明確に打ち出された。

　1990年代には，1991年の精神薄弱者（現：知的障害者）生活支援事業における単身生活や結婚生活の支援の強化，1993年の厚生省児童家庭局長通知「精神薄弱者（現：知的障害者）援護施設等入所者の地域生活への移行の促進について」における，短期入所事業等の在宅支援サービスの積極的活用やグループホームの取り組み推進，その後も，特に重度の知的障害者の地域生活のために1996年からの精神薄弱者（現：知的障害者）更生施設分場の開始，同年のグループホームに対する「重度加算」制度の創設などが行われた。

　その後，特に2000年以降の障害福祉施策は目まぐるしく変化してきた。しかし，地域移行・地域生活支援へと施策が転換されたことと，在宅福祉サービスによって知的障害者のケアが社会的に担われていくこととは，必ずしも一致してきていない。2003年の支援費制度について伊藤（2003：131）は，利用者からの申請を前提としながら，知的障害ゆえに申請自体が困難な利用者に対して特別な配慮がなされていない問題を指摘している。また土屋（2010：229）は，サービス利用額の自己負担規定における扶養義務者の位置づけが大きかった一方で，親ときょうだいが除外されたことで，障害者が家族から「自立」するために一定の前進をもたらすと評価されたとしている。

　支援費制度が廃止されて，2005年に制定された障害者自立支援法（現：障害者総合支援法）では，自己選択や自己決定に基づく利用者主体と障害者の社会的自立の理念は継承されている。しかし，サービス利用料が原則1割の定率負担になったことで，多くの障害者の1カ月あたりのサービス利用料が増額することになった。加えて土屋（2010：229）は，扶養義務者負担が廃止とされたが，低所得者対策としての費用軽減措置においては，同一世帯に属する者の所得水準によって上限額が設定されることとなり，実質的に扶養義務者負担が発生することになったと指摘している。

　そして，「地理的には『ごく普通の場所』（人里離れた辺ぴな場所や，施設や病院などのような特殊な場所でないという意味）にあったとしても，その

周辺の地域の住民の人たちと何らかの交流がなされず，周辺から隔離された
ような生活を送っていたとしたら，それは決して『ごく普通の生活』とは言
い難い」（峯友1997：52）ように，生活の場が地域にあればよいというわけ
ではなく，知的障害者が家族以外の人々とも関わりを持ちながら，地域の一
員として安定して生活していくための支援システムが整備されていなけれ
ば，親の不安も解消されず家族内でのケアの抱え込みになりかねない。

3．親への支援の拡大と含み資産としての親

　1990年代から，冠婚葬祭や親の急な病気等の緊急一時対応だけでなく，親
がケアから離れて休息したいといったニーズにも対応するレスパイトサービ
スに，注目が集まるようになってきた。レスパイトサービスは，「障害児本人
と家庭や家族が，生涯にわたり住み慣れた地域で生活し続けられるための支
援の一つ」であり，「家族や家庭の危機への対応だけでなく，危機の予防を機
能としてもつサービス」である（清水2000：41）。

　しかし，ケアを担う親自身のニーズに対してサービス利用が十分にできな
い場合もある。金野（2017：12）は，日本のレスパイトサービスは短期入所
等の施設型サービスを主流として展開してきており，親のケア負担の軽減等
の効果がある反面，利用を希望する家族が施設から利用拒否や利用制限を受
けるという課題も生じてきたことや，施設型のレスパイトサービスが困難に
なった場合，訪問看護やホームヘルプといった派遣型サービスの利用や，他
の家族メンバーの協力によって対処されていることがあり，特に他の家族メ
ンバーの協力によって対処している場合は家族内での仕事や体調などの調整
を必要とし，そのこと自体が負担や将来的な不安になっている可能性を指摘
する。

　また，レスパイトサービスの利用が親への支援を主眼に置くとき，それは
親のニーズに基づいたものとなる。そのため，短期入所のかたちで自宅を離
れて一時的に施設で生活をしたり，あるいは住み慣れた家庭内に家族以外の
支援者が訪れてその者からケアを受けたりすることが，必ずしも知的障害者
のニーズに合致しているわけではない場合もある。施設への入所がそのほと

んどの場合，実際にそこで生活する知的障害者ではなく，親たちのニーズであったことにもあるように，親のニーズと知的障害者のニーズにズレが生じることがある。

　しかしこれもまた，レスパイトサービスが家族の息抜きの範疇を超えて，障害者自身にとっても今後の地域生活や社会参加の意図を促進するうえでの，有効な方法となっていることがある（田村 2006：69）。知的障害者はその障害特性ゆえに，日常の意思決定において詳細な説明，あるいは具体的な体験がないなかで，その物事をイメージすることが難しい。そのため，生活経験を拡大し，本人が実際に選択肢としてイメージをつけていくには，最初のきっかけは必ずしも本人の意向ではなく，親など周囲の人々からの働きかけによることも少なくないことは留意が必要だろう。

　親のケア負担に対して，レスパイトサービスなどの親への支援が徐々に普及してきたことは，知的障害者のケアは親が担うべきとの家族規範が弱まり，社会全体で支えていく機運が高まってきた証だといえるかもしれない。しかし，こうした親への支援は，実際には親がケアを担い続けていけるようにする側面を持っている。

　土屋（2002）は，日本の戦後の障害福祉施策について，基本的に一貫して家族を「介護／扶養する」存在として措定したうえで各種のサービスを展開し，政策作成側は時代に応じて「家族の負担」や，「自立」「地域」「ノーマライゼーション」の言葉を選びながら，家族の介護／扶養役割を前提としてきているという。そして，政策上の言説において「家族」の言葉が減少した傍らで，「在宅」や「地域」などの居心地のよい言葉によって，「介護する家族」の存在や負担が見えにくくなっていると指摘する（土屋 2002：64-68）。

　公的施策がなく家族がケアを担わざるを得ない状況から，入所施設が整備され，さらに在宅福祉・地域生活支援へと重点を変えつつ障害者に対する公的な支援が整備・展開されてきても，そこではかたちを変えて親などの家族によるケアが暗黙の前提とされ，家族ケアが含み資産とされてきた面があるのである。

4. 親からの自立という課題

　2006 年に国連で採択された障害者権利条約の第 19 条では，障害者が誰とどこに住むかの選択権を有するとともに，特定の居住施設で生活する義務を負わないことが明記され，入所施設でも親元でもない場所での自立生活の実現に大きな力を与えた。

　また，社会保障審議会障害者部会が 2008 年に報告した「障害者自立支援法施行後 3 年の見直しについて」では，「地域移行の促進」の項目のなかに，「できるだけ地域生活を継続していくという観点」から「家族との同居からの自立した生活への移行」が明記され（社会保障審議会障害者部会 2008：11），施策の方向性としても知的障害者の親からの自立が積極的に打ち出されている。

　近年では，社会保障審議会障害者部会による「障害者総合支援法改正法施行後 3 年の見直しについて」（2022 年）における，「障害者の居住支援について」の「今後の取組」で，障害者が希望する地域生活の継続・実現という文脈でグループホームの役割等が示されている。そのなかでも，入所施設や病院からの地域移行とともに，親元からの自立が挙げられている（社会保障審議会障害者部会 2022：15-16）。2008 年時の報告とは，親元からの自立の捉え方にも変化が生じていることがわかる。

　寺本（2008：26）は，知的障害者の親元からの自立が「選択の余地のない道行き」として成り立つ場合もあるという*3。また，親元から出ることが，知的障害者に否定的に捉えられることもある。岩橋（2008：88-91）が示す知的障害者の自立生活支援の実践事例*4 では，母親との同居の継続が困難な状況

＊3　地域での生活を目指すうえで，必然的に家族という場から出る自立のかたちが生じることを，寺本（2008：26）は「家族が支援できない場合，しかし施設には入れたくない／入れない／入りたくない／入れさせない，選んだにしろ選ばなかったにしろ結果として施設に入らない」ときに，自立生活が選択の余地のないものとなるとしている。この指摘からは，自立生活が地域で生きるための重要な一形態であり，また入所施設以外の選択肢として登場する契機があることが示唆される。

＊4　ここでいわれている「自立生活」とは，アパート等に住んでホームヘルプサービス等を活用した生活であり，グループホームは含まれていない。

にある知的障害者に自立生活に向けた取り組みを提案したところ，当事者にとっては自立生活が「罰」として捉えられており，支援者たちは悩みながら，施設入所ではなく地域生活を継続していくために，支援を始めている。

　ここにあらためて，自立に対する知的障害者と親の双方の葛藤や揺れ動きを踏まえ，親による支援の位置づけと可能性を模索しながら，プロセスを考えていく必要性がうかがえる。

　なお，本書では自立生活を，入所施設でも親などとの同居でもない場での生活として捉えているため，グループホームなどでの生活も広く自立生活に含めている。しかし地域で自立して生活することは，一人暮らしや結婚生活など多様な可能性があるものであり，知的障害者が施設入所以外に親元を離れた生活を実現しようとする際に，グループホームに偏重しないように留意する必要もある[*5]。

第 2 節　障害者を成員に含む家族の孤立の課題

　知的障害者が地域で生活するうえで親に依存しがちになる，あるいは親が知的障害者のケアを抱え込みがちになる背景には，公的な施策における親の位置づけの課題だけでなく，知的障害者とその家族を取り巻くさまざまな社会状況がある。本節では，知的障害者も含めて障害者を成員に含む家族が，どのような状況に置かれてきたのかを捉えていく。

1．障害者家族の閉鎖状況と家族規範

　子どもに愛情を向け，ましてやその子どもに障害がある場合は，なおさら深い愛情をもって子どものケアを担うことが親の役割であり，責任であると

[*5]　なお，社会保障審議会障害者部会（2022）「障害者総合支援法改正法施行後 3 年の見直しについて」では，障害者の望む地域生活の実現や，グループホームの効果的利用を通じた地域移行や親元からの自立の促進の観点から，グループホームにおいて一人暮らし等に向けた支援を充実すべきとも示されている（社会保障審議会障害者部会 2022：16）。

の規範が強い社会状況において，家族内部で障害者が置かれている現実を明らかにしたことは，自立生活運動の大きな意義である。

そして，自立生活運動が問題としたのは，家族内部（なかでも障害者と親との関係）で生じていることだけではない。そこには同時に，家族内部の深い情緒的関係によって障害者と親が閉鎖的な空間を作らされてしまい，社会への窓口を失うことを回避しようという，彼らの意志が現れている（岡原2012：147）。

いわゆる「親密さ」や「親密性」という結合原理は，個人の自発的意思や自由な選択に基づいて取り結ばれる関係性である。しかし「家族」に関しては，個人の純粋な自発的意思だけでなく，そのように「あるべき」として規範化されている側面がある。牟田（2005：142）は現代社会の家族内で生じている諸問題について，家族の愛情の薄さや緊密さの欠如ではなく，むしろ夫婦や親子の小規模な家族の凝集性があまりに高く，他からの支えが得られなくなっているともいえるのではないかと指摘する。

障害者家族でいえば，規範的な愛情を基盤として親がケアを担うことは，障害者が親に依存せざるを得ない状況と親がケアに専従することを固定化し，家族全体が閉鎖性を強めていく。この閉鎖状況は，時に障害者家族内での悲惨な事件につながってしまう。第二次大戦後に日本で起きた「親による障害児・者殺し」についてまとめた夏堀（2007：48）は，その特徴として，1990年代以降の成年障害者の被害の急速な増加と，知的障害児・者が被害に遭うケースの増加，特に1990年代以降の成人期の知的障害者の被害の著しい増加を指摘している。

親による障害児・者殺しが事件として社会に認識された際に，大きく取り上げられるのが，加害者となった親の日々のケア負担と，将来への悲観である。「介護に疲れて」「このままの状態が続くことに不安を感じて」などの親の言葉がクローズアップされ，障害者が家族の成員であることで他の家族員が置かれる大変な状況と，加害者となった親の苦悩に社会の目が向けられる。

しかし，第1章で挙げた，重症心身障害児の母親への減刑嘆願運動に対する自立生活運動からの批判には，障害者の存在否定への抵抗という側面だけ

でなく，問題を家族内部に留めることへの批判も含まれていた。つまり，親による障害児・者の殺害の背景には，愛情と責任の規範のもとに障害児・者が家族内に囲い込まれるような構造を生み出している社会があるが，そのことに目が向けられにくいことが最も重大な課題である。「母親を重症児殺しにまで追いこんで行ったのは，地域社会の『目』だったはず」（横田 1979：33）なのである。

2. 障害者家族に対する差別や偏見

　自助や愛情が求められるのは障害者家族に限らないが，家族成員に障害者が含まれている場合は強調されやすい（岡原 2012）。そこには，障害者は保護される存在で，つつましくあるべきといった「障害者役割」（石川 1992：117-118；岡原 2012：154）があり，障害者に親元で親からの愛情を受けて暮らすように，翻って親に障害者のケアを担うように促していく。もし，これらの規範から「外れた」（たとえば，障害児の親が，子どものケアを家族外の他者に委ねて就労しようとすることなど）とみなされる場合，「子どもに障害があるにもかかわらず」子どもを保護してケアを担おうとしない親は，子どもへの愛情のあり方や親としての責任が問われ，責められることになる。

　また，障害者に対する差別や偏見も深く関わっている。障害者に向けられる嫌悪や恐れを，好井（2002：94）は「障害者フォビア」と呼び，その根本には，他者が自分の世界へと侵入して世界が脅かされることへの恐れがあると指摘する。また土屋（2009b：152）も，いわゆる健常者が抱く「『彼ら障害者』たちが『わたしたち非障害者の世界』へ入り込んでくることの抵抗感」の存在を指摘する。

　障害者差別の問題は障害当事者に対する差別だけに留まらない。障害者の家族もまた，周囲から直接的・間接的に否定的な言動や態度を向けられ，被差別を経験することが往々にしてある。同時に，親やきょうだいが障害者を差別することがあることも，要田（1999）や鍛治（2011）などが指摘するところである。こうした被差別経験は，知的障害者やその家族を地域から孤立させ，家族内部に閉じ込めていく。

　さらに，障害者やその親が地域での居場所を創出しようとする際に，地域から大きな反対を受けることがある。古川・三本松（1993：3）は，社会福祉施設の新設などにあたり，地域社会の強力な反対によって計画そのものが頓挫したり，同意の引き換えとして大きな譲歩を余儀なくされたりするような施設と地域との間での紛争事態を，「施設－地域コンフリクト」としている。現在もこうしたコンフリクトはなくなっておらず，1989〜1998 年の 10 年間に，全国で生じた入所施設の設立に対する近隣住民からの反対事例の件数を整理した佐々木（2006）や，2010 年以降に生じた知的障害者の通所施設およびグループホームの施設コンフリクト事例を分析した野村（2014）などにより，実情が明らかにされている。

　障害者への差別や虐待の防止は，社会的に取り組むべき課題として，障害者基本法の 2011 年改正時の「差別の禁止」（第 4 条）規定の創設，2011 年の障害者虐待防止法の制定，2013 年の障害者差別解消法の制定，そして 2014 年の障害者権利条約の批准など，国の施策としても基盤は整備されてきたが，現状としてはまだ課題が山積しているといえる。

3. 地域社会との接点の創出へ

　知的障害者とその家族の閉鎖状況は，近代家族の自助原則や愛情規範と，障害者に対する差別や偏見が絡まり合い，地域から排除されたり孤立しやすい環境に置かれていることが背景にある。

　近代社会における家族は親密圏としても捉えられてきた。齋藤（2003：213）は親密圏を，「具体的な他者の生／生命——とくにその不安や困難——に対する関心／配慮を媒体とする，ある程度持続的な関係性を指すもの」と定義する。

　親密圏が「社会的な圏域から場所を剥奪され，自らを『敗者』として描くことを余儀なくされる——劣位性としての差異性を割り振られる——人びとにとっては，自らの存在が否定されない関係性をもちうること，自分がそこに居ることが受容されるという経験をもちうる」（齋藤 2003：220）ことを可能にする場であるならば，社会から差別され排除された障害者の居場所として，

家族はより大きな意味をもってくる。つまり，障害者への偏見・差別は，「だから家族が守らなければいけない」「家族内で何とかしなければいけない」という家族の意識につながり，家族規範をさらに強化していく*6。

　だが，この状況が続くことは，結局のところ障害者の親依存の状況を生み出してしまう。また，障害者がその存在を家族内部に押し込められることは，社会のなかの障害者差別をある意味では肯定し，現状を打破することがより難しくなってしまう。さらに，現実にはすべての家族が親密圏の機能をもっているわけではなく，家族内での障害者の抑圧の課題は第 1 章で見たとおりである。障害者の生活が社会的に支えられ，そのためのケアの多元的社会化を進めるうえでも，家族外の多様な他者が障害者へのケアに関与し，知的障害者とその家族が社会とつながりをもつことが欠かせない。いかに知的障害者家族の孤立を防いで，知的障害者家族と社会が接点を得ていくかが課題であるといえる。

第 3 節　親の生活状況と抱えるニーズ

　本節では，「脱家族において離脱される側，振り切られる側としての親」（中根 2010：113）の状況にさらに目を向け，親が知的障害のある子との生活において抱くニーズに注目しながら整理する。次節で述べるが，障害児・者の親を対象とした研究において，特に母親の状況に焦点が当てられることが多い。これは，現実に母親が主なケアの担い手となることが非常に多いということと，それに関連して子育ては母親が担うという性別役割分業の思想や，母親の子に対する愛情規範を問題とする研究が多いことによる。本節ではひとまず親のニーズとして総合的に捉えるが，先行研究の傾向を踏まえると，母親が示すニーズを参考とすることが多くなっている。

---

*6　差別を理由として，障害者を家族が保護すべきとの言説は，家族外部からも向けられることは珍しくないだろう。

1. 親が抱えるニーズ

　知的障害者のケアのニーズに親が応答していくにあたり，親のほうもさまざまな負担を抱え，支援を必要とすることが往々にしてある。いわゆる「二次的ニーズ」といわれる，ケアの担い手がまさにケアを担うことによって抱えるニーズである。

　たとえば，親が高齢になり自分自身が何らかのケアのニーズをもつようになると，知的障害のある子のケアのニーズに十分に応答することが困難になっていく。知的障害のある子のほうも，年齢を重ねるにつれて自身でできることが増えてケアのニーズが減少する場合もあれば，反対に心身機能の低下に伴いニーズが増大する場合もある。またそうでなくても，「個別の必要に応じて臨機応変で隙間なく対応するという無限定な側面」(庄司 2013：46)をもつ家族ケアにおいては，夜間や休日を問わずケアを担い続けることが親の身体的負担となっていく。

　そして身体的負担は，精神的負担やストレスにもつながるが，そこに家族規範もあいまって親が自分のニーズを表明しづらくなる。特に家族の自助原則や愛情規範が根強い場合，親が子どものケアに対して精神的負担を感じ，たまには自分の時間をもちたい，知的障害のある子のケアを誰かに託して休養したいとの思いを表明すると，親としての愛情を疑われ非難される。また親自身もそうした規範を内面化していることも多く，ケアへの精神的負担を感じる自分自身を責めたり，ケアを誰かに託すことへの罪悪感を抱いている。こうした親の心情について藤井 (2000：39-46) は「知的障害者の家族が社会福祉機関や制度への関わりにためらいを感じること」および「知的障害者の家族であることに肩身の狭い思いを経験する」ことを「スティグマ感」とし，家族が積極的にニーズの解消へと向かえないことがあることを指摘している。

　親が抱えるニーズは，知的障害者が抱えるニーズとはまた異なるものである。知的障害者本人とは異なる親ならではのニーズや立場性から，いわゆる心身機能の障害の有無とは別の意味での「当事者」であることが指摘されて

おり（たとえば，中根 2002；藤原 2002；中西・上野 2002；通山 2017 など），知的障害者は知的障害者のニーズを，親は親のニーズをそれぞれ抱え，どちらも「障害（者）をめぐる課題」の当事者であるといえるだろう。

　また，ケアを担い続ける親たちは，ケアを担うために自身の就労が制限されることがある。そのため収入が減り，知的障害者家族全体として経済的水準が低下する場合がある。知的障害者家族が貧困に陥る構造を分析した田中（2010）は，貧困状態に陥った家族においては，その内外で母子一体化による孤立した状態へと帰結することを指摘しており，経済状況も知的障害者家族の閉鎖性を強める一因となっている。

　これらの身体的・精神的・経済的負担が時に複雑に絡み合い，知的障害者のケアを担う親たちも，自身の生活を営むうえで何らかのニーズを抱えている。そして結局のところ，ケアを担っている親の負担が解消されず親が十分なケアができない場合，そのことが知的障害者の生活の質に直結してしまうのである。

2. ニーズの代弁と家族としてのつながり
——親にとっての「知的障害のある子ども」

　親たちからは自身の直接的な負担やニーズだけでなく，知的障害のある子の生活やライフサイクルの変化に関わるニーズが多く表明される。子どもの各年齢段階においての療育や保育，教育に関するニーズであったり，さらに教育機関を離れた後の行き場や就労に関するニーズであったりと，その内容は多岐にわたる。また，子の年齢層に限らず，余暇を充実させるための機会や支援，そしてもちろん知的障害者の生活全般にわたる事柄，つまりは日々の介助や見守りといったケアや，生活の場などに関するニーズが，親から表明されることも少なくない。

　これらは「子どものため」との側面をもち，ある意味で親が知的障害者のニーズを代弁しているともいえる。知的障害という特性とも関わって，知的障害者自身がニーズを自覚したり表明したりすることが難しいこともあるなかで，親たちが子どものためにニーズを代弁し，時にはそれらのニーズを満

たすためのさまざまな資源を自ら創出することがある。そのなかで,「知的障
害のある子の生活の安定」が,親のニーズともなっているといえる。

　しかし,親によるニーズの代弁は,親が知的障害のある子のニーズを自身
のニーズと同一視し,親子が一体的になる傾向もある。その場合,中根(2006:
247-248)のいう「ニーズの一方的了解」とその結果としての「他者への侵入
危険性」が生じ,また水田(2004:18)の指摘のように,知的障害者の問題
と親の問題の混同につながりやすい。そもそも,知的障害者と親は異なる存
在である以上,知的障害者の実際のニーズと親が示すニーズが一致しない場
合が出てくることは,当然考えられる。

　したがって,知的障害者へのケアを含めた多様な支援を行うにあたり,知
的障害者と親をそれぞれ固有のニーズを持った独立した個人として捉え,親
が代弁する知的障害者のニーズを絶対視せず,親子関係の過度な一体化の防
止・解消を視野に入れることが必要である。その際には,知的障害者のニー
ズを代弁する親の思いには,目の前にいるニーズを抱えた他者に応答したい
というような,「内発的義務」(最首 1998:131)としての側面があることへ
の留意も必要であろう。

　知的障害者が家族の成員にいること,知的障害者とともに生活することは,
親にとって負担や困難だけではない。障害のある人が身近に存在すること
で,親はそれまで自分のなかにあった障害者差別の意識を発見し,これまで
生きてきた世界が,障害者と関わりをもたずに成り立つ世界であったことを
知ることがある。そして,知的障害者が家族の一員であることで自分自身の
生き方や価値観を見つめ直し,家族全体が強いまとまりをもつようになった
と実感することもあるだろう。親は知的障害者へのケアの担い手として,常
に「与える」側にいるのではなく,知的障害者から親が得ているものも少な
くないのである。その意味でも,知的障害者と親との関係は,もちろん親が
もつ権威やパターナリズムがありつつも,一方向ではなく双方向の関係とし
て互いに作用しているのである。

　知的障害者家族が社会と関わりをもつうえで抱える課題や困難,また知的
障害者家族内での課題や困難はさまざまに生じており,この課題を認識して

家族だけに頼らざるを得ないような状況を解消していくことが，何よりも求められる。それと同時に，知的障害者家族は家族ならではのつながりや楽しさ，喜びなども感じながら過ごしているのでもあり，これらの両面に目を向けて「自立」や「脱家族」を捉えていく必要がある。

第4節　ケアを担う親のジェンダー性

　「知的障害者の親」と一口にいっても，その立場性は異なる。そこで本節は，知的障害者と親との関係について，またそこにおけるケアについて論じるうえで，父親と母親との差異について触れておく。

1．母親の立場

　もともとケアは，近代社会の性別役割分業を基盤として，ほとんどの場合が女性によって担われてきた。家族ケアは家事労働の一環として，女性（母親，娘，嫁など）の役割とされてきており，障害者家族におけるケアでは，ほとんどの場合は母親がケアの担い手となっている。

　春日は夫婦関係の視点から，障害児を産んだ女性とその親族へのスティグマ観，親族と妻子の間に立つ夫の態度を決定する社会的・文化的要因，現代社会の性別役割分業，男性の優位性などが背景となって，障害児と母子の関係が強化されるとしている（春日 2011：89）。そもそも要田（1999）が指摘するように，障害のある子どもが生まれた場合，「障害児を産んだ母親」という母親への責任（この責任は産んだという事実だけでなく，遺伝の可能性が探られ，血筋も問題にされる）が追及される。また，障害児やその親などは，親族からも「こないでほしい」と言われたりするなどがある。こうした親族からの切り離しは，障害をもつ子ども本人やその家族とは関係の遠い「タニン」として自らを位置づけることで，障害児の問題には関係がないという心理的防衛を意味し，このとき切り離された家族は障害児の「ミウチ」の立場に位置づけられ，「障害児・者に関わりをもつ人は避けられても当然である」という「常識」的言説を付与される（要田 1999：62-65）。そして，障害のあ

る子どもに最も近く位置づけられるのが，母親である。

　障害のある子のケアに伴う親の就労制限を先に見たが，母親へのケア規範が強いなかで，母親が障害のある子を預けて働くことへの批判となる。障害児の養育は健常児の養育より手厚いケアを必要とし，母親がケアに専念せざるを得ない状況下にあることも多い（藤原 1997：41）。療育機関や教育機関への通所に親の付添が求められることも多く，丸山（2011）のいうように，「障害のある子を人に預けて仕事をする」ことへの否定的な発言を受けることがある。そして，母親が就労できないことで父親が家計の維持を一身に背負い，結果として性別役割が強化されるのである。

　こうしたケア役割の偏在化を背景に，母親に着目した研究は蓄積も多く，特に母親のケアの負担やストレスに焦点を当てた研究が多くなされてきた（一例を挙げると，中塚 1994；田中 1996；朝倉・高橋 2007 など）。ケア役割が偏在し，実際に母親のみがケアを担う状況は，母親にとって生活時間の多くをケアに費やすことを求められる。また母親以外のケアの担い手が存在しないことは，母親に「自分がやらなければ」という思いと誰にも相談できない孤立感を抱かせ，健康上の不安や精神的負担を抱えつつも，母親がケアを継続していくこととなる。

　福井は，「私たち親は障害のある子を愛していないわけではありません。それでも，もううんざりだと思うこともあるのです」（福井 2013：23），「考えてみれば，子どもに障害があるということで，私はやりたいことをたくさんあきらめてきました。(中略)息子が成人した後もそんな暮らしが続く。そのことが何より我慢できなかったのです」（同上 2013：46）と綴っている。子どもへのケア役割（特に障害をもつ子どもに対して）が当然のように位置づけられている母親にとって，ケアの負担を口にすることは子どもへの愛情を疑われ，非難の対象になってきた。「愛していないわけではない」けれども，ケア役割に苦しさも感じている母親たちは，そのことを表に出すことも許されず，母子関係のなかにいわば閉じ込められてしまうのである。

2. 父親の立場

　では父親のほうはどうであろうか。知的障害のある子どもへのケアが家族内で担われるとき，性別役割は強化され，父親はケア役割よりも稼ぎ手としての役割が求められる。必然的に，父親がケアを含めて子どもと関わりを持つ時間は制限される。障害児・者の父親に関しては，母親に比べて研究上の蓄積が少ないが，父親の思いや状況が明らかにされてきている。

　障害児・者の父親の会である「町田おやじの会」が 2004 年に発行した書籍において，仕事に追われて子どもと過ごす時間を取れないことと，仕事に力を注ぐこととの葛藤や，子どものために何でもやってあげたいという思い，母親との役割分担の転換の試みなど，父親たちのさまざまな思いが寄せられている（町田おやじの会 2004）。

　子どもに知的障害があることが告知されたとき，多くの母親と同様に，父親もまたショックを受ける。しかしその表れ方は母親と異なることもある。田中（2006：52）によれば，母親が抱く自己責任意識は父親にはあまり見られず，「自分より混乱している」であろう母親を支えようとすることで，「障害児の父親」としての役割がスタートする。一方で，父親が自己認識する役割や母親へのサポート意識が，すぐに子どもへのケアに結びつくわけではない。中根（2005：166）は，父親が子どもをケアする母親の大変さを認識し，父親自身への世話という行為を取り除くことで母親の負担の軽減を試みたが，母親の子どものケアへの専従化となり，負担軽減につながっていない状況を明らかにしている。

　では父親は，ケアを担うことを回避し，子どもと距離を取ろうとしているのかといえば，それもそうではない。父親たちは，ケアを担うことと仕事を続けていくことの間で，むしろジレンマを抱えているのである。父親にとっては，「父親」であること以外に「職業人」であることも，アイデンティティの重要な構成要素である（田中 2006：56）。ケアを担うことで職場における業務の軽減や配慮を求めることは，それまで築き上げてきた男性性を自ら否定し，価値観を根底から覆さなければならない（中根 2005：177）。

　そうした揺れを経験しながら，父親は子どもや母親との相互行為を通じ，子どもに「なんでもやってあげたい」という思いのもと，自分なりにケアを担っていこうとする。また時には，父親が主にケアを担うことで家族内の役割構成の変容が図られることもある。障害児・者の父親については多くの場合，ケアへの不参加とそれによる母親の孤立が指摘されてきた。しかし，藤本が「〈障害児の子育てを背負う母親／子育てに関与しない父親〉という二項対立的図式に持ち込むこと」の限界（藤本 2017：102）をいうように，ケアを担い，子どもと関わることに向かっていく父親の思いも，確かに存在している。

第3章 それぞれの立場からの発信と連帯——要望運動・資源創出の実践における多様な主体との協働

本章では，ケアの多元的社会化における地域レベルの実践として，親と知的障害者の活動実践の展開を整理している。取り上げているのは，知的障害者の親の会の全国組織である「手をつなぐ育成会」と，知的障害者たちの当事者活動である「本人の会」，および「ピープルファーストジャパン」である。

親たちの活動は，法制定や入所施設整備の要望運動，自分たちでの作業所づくり，知的障害者の権利擁護などさまざまに展開してきた。また，知的障害者たちの活動も，知的障害者同士の交流や学ぶ機会の企画・運営，差別・虐待の防止や，入所施設重視のあり方からの脱却などを含めた国への意見書等の提出など多岐にわたる。

それぞれの活動は，親たち同士，知的障害者同士の連帯の場ともなり，同時に，親と知的障害者の関係が問い直されてきている。さらに，活動の展開において支援者や地域住民など多様な主体と協働する契機があり，家族の閉鎖的状況を打破し，組織を通じて社会との接点を作り出していく動きにもなっている。

第1節　知的障害者の親による実践の展開と変化

知的障害者福祉法（旧：精神薄弱者福祉法）の制定への要望運動をはじめ，知的障害者とその親の孤立的状況を打破しようとしてきた1つの大きな力が，親たちによる組織的な活動である「親の会」[*1]である。日本の知的障害者の親の会としては，「手をつなぐ育成会」（以下，育成会）[*2]が全国規模の組織体として活動しており，その歴史も長い。

　そこで，本節は育成会の活動展開を概観し，育成会という1つの組織体を通じて親たちはどのように家族以外の人々とつながりをつくり，協働してきたかを見る。なお，育成会の活動展開の把握・整理には，主に，2001年に発行された育成会の50周年記念誌『手をつなぐ育成会（親の会）運動50年の歩み』（緒方編）および，2013年に発行された育成会の60周年記念誌『夢　全日本手をつなぐ育成会創立60周年記念誌』（全日本手をつなぐ育成会60周年記念誌発行委員会編）を参考にしている。

1.「手をつなぐ育成会」発足の経緯

　育成会は，知的障害者福祉法制定前の1952年に，「精神薄弱児育成会」（別名「手をつなぐ親の会」）の名称で設立された。きっかけは，当時，特殊学級（現：特別支援学級）に入級待ちをしている大勢の知的障害児とその家族の状況を憂い，3人の知的障害児の母親が，教育・福祉・就労などの施策の整備・充実を求めて，親や関係者や市民に呼びかけて活動を始めたことによる。

　この3人の母親たちの当時の思いは，「精神薄弱は結核に優るとも劣らぬ社会的な大問題なのに，しかるべき運動がないこと，それは精神薄弱の人々自身には訴える能力がなく，親は恥かしがって，人知れぬ苦労を重ねているためであることに気づき，母親が立上らないで誰が立上るのかと思い立った」（緒方2001：13）ことにある。

　母親たちは当時の結核予防運動に関わっていた医師への相談をきっかけ

＊1　実際には「親の会」の名称であっても，きょうだいが参加していたり，福祉施設職員や教育関係者等の専門家，あるいはその他の人々など，多様な立場の人が参加していることがある。また，「家族会」などの名称を用いるところもあるが，本書では「親たちを中心とした団体」との意味で，固有の名称である場合を除いて「親の会」と表記する。

＊2　1952年設立時の名称は，「精神薄弱児育成会」であった。その後，「全国精神薄弱者育成会」（1955年，社団法人），「全日本精神薄弱者育成会」（1959年，社会福祉法人），「全日本手をつなぐ育成会」（1995年，社会福祉法人），「全国手をつなぐ育成会連合会」（2014年，任意団体）と変遷してきている。2023年9月現在では，「全国手をつなぐ育成会連合会」（一般社団法人）として活動している（全国手をつなぐ育成会連合会ホームページより。http://zen-iku.jp/aboutus　2023年9月26日閲覧）。

に，自分たちの子どもが通っていた特殊学級の設立者の1人である区役所職員と出会う。この職員の協力を得て親たちへの呼びかけを行っていったが，親たちの反応はさまざまで，すぐに賛成する親もいれば，ためらう親や，会うこともできない親もいた。

　また，親たちだけの力で進めてきたわけでもない。当時の社会党議員や，この議員が関係していた婦人問題研究会，日本の知的障害児・者福祉の先駆者の1人であり近江学園創立者の糸賀一雄，日本の知的障害児教育の先駆者の1人である三木安正など，当初から学識経験者や既存の運動団体等とつながりを持ちながら，全国組織として始まった特徴がある。

2. 地域生活を支える社会資源の創出

　育成会は，発足から現在に至るまでさまざまな活動を展開しているが，社会状況の変化に伴い，会のあり方も変化してきている。

　運動の初期には知的障害児・者の保護を訴え，親たちによる代弁の重要性を示してきた。また，児童を中心とした教育や，卒後に向けた職業能力・生活能力の獲得のための教育の充実，児童から成人までの一貫した法制度と入所施設の拡充を求めてきた。

　入所施設については，たとえば1958年設立の日本初の重度知的障害児の入所施設である「国立秩父学園」の開設に向けて，育成会が影響を与えてきた。また国への陳情・要望や社会への啓発活動だけでなく，親としても自らできることを行っていこうとする動きも出てくる。同じく1958年に，三重県名張市に「名張育成園」を設立し，これが成人を対象とした入所施設の先駆的役割を果たした。以降，親たちは公的な施策として入所施設を整備することを訴えながら，自分たちの手でも入所施設をつくってきた。他方で親による障害当事者の殺害事件が社会問題となるにつれ，障害者が親にとって負担になっているという社会認識が形成され，入所施設設立の要請を高めていった。

　しかし，当時の国の施策の基盤となった「精神薄弱児対策基本要綱」（中央青少年問題協議会が1953年10月に作成，同年11月に事務次官会議で決定）は，施設病院等の拡充強化，少年院，精神病院の拡充強化，優生手術の実施

といった「隔離」や「抹殺」という姿勢に貫かれており，育成会が掲げる「精神薄弱者が人として尊ばれ」の理念とは相反するものであったが，育成会の活動において基本要綱への批判的な姿勢はなかった（緒方 2001：25）。当時の育成会の活動は恩恵的な福祉を前提とし，国が推し進める知的障害者の隔離や排除を結果的に認める側面もあったと見ることができるだろう。

　1970 年代に入ると，その様子は徐々に変化していく。1970 年の創立 20 周年記念全国大会の基調講演で示された，今後の運動発展に向けたビジョンでは，相互扶助の自覚に立った扶け合い運動である育成会の運動を地域ぐるみに拡げることは，新しい地域社会運動であると位置づけている。また，窓口を広げてすべての障害児や一般の人々が入りやすいようにするとともに，自らも地域社会活動のなかに溶け込んでその運動推進の核となっていくこと，そのために全市町村に育成会を結成して中央の組織と連携をとり，市町村，都道府県，国のそれぞれのレベルに合わせた要望活動を行っていくことが示されている（緒方 2001：198）。各地域の育成会同士の連携だけでなく，地域社会といかにつながり協働していくかが，育成会活動の重要な課題の 1 つであるとされてきたことがわかる。

　さらに，1979 年の養護学校義務化により教育機会が一定程度の保障を得たことと，1981 年の国際障害者年およびノーマライゼーション理念の浸透から，小規模作業所づくりをはじめとした地域活動に重点を転換していく。森口（2009：35）は育成会の組織戦略について，当初から，制度変革の働きかけを行う「運動」と，会員が直接的に携わり実践する「事業」の 2 つを柱として展開してきたと分析している。

　小規模作業所づくりもそうした事業の 1 つであり，学校卒業後の知的障害者の活動の場づくりとして，各地で広まっていく。まさに地域において，知的障害者の居場所となる社会資源を創出していく実践である。また，森口は育成会の小規模作業所づくりについて，「地域に根ざした小規模なものであるという点で，直接的コミュニケーションを可能にし，対面的相互作用が起き得る共同行為を伴うことから，親の『自己変革』の契機が存在していた可能性がある」（森口 2009：35）と捉えている。社会資源創出の取り組みは，親

たち同士の直接的な関わりを促進する契機にもなってきたのである。

3. 本人主体への動き

　また緒方（2001：291）「国際障害者年で学んだもの」の1つとして，「本人の発言と代弁」と「本人の主体性と介助」を挙げ，「精神薄弱の人の場合，自ら訴えることの困難なこの人々に代わって発言し行動することを旗印に掲げて来た親あるいは親の会，関係する人々はどうあるべきか」が問われ，育成会のあり方を知的障害者自身の発言や主体性の点から捉え直そうとする動きが出てきた。実際，1990年代に入ると，育成会の一部では当事者の抱える問題と，親の抱える問題を明確に分けて取り組むという方向性が採用されるようになった（津田2000：50）。現在の育成会においては，知的障害者たち自身の本人活動の支援も，団体の活動に明確に位置づいている。

　知的障害者の保護や代弁から，本人主体・本人参加へと団体の意識変容を行ってきた育成会は，発足時から知的障害者の権利擁護を重視してきた。この権利擁護という役割は，2000年以降の目まぐるしい制度展開のなかでさらに強く認識されていく。社会で生じている差別やいじめ，虐待事件等に対する声明や改善の要望，成年後見制度の推進・普及・啓発や権利擁護システム構築に向けた活動など，関係団体とも連携しながらさまざまな社会活動を展開してきている。

　さらに，国連の障害者権利条約の批准に向けた，障害者への虐待防止や差別の禁止等に関わる法律の制定のための取り組みを行い，権利擁護体制の整備を引き続き図っている。また2011年には，組織活動として，これまでの制度政策要求や権利擁護運動のほかに，「共生社会」の実現を目指した「地域づくり」も積極的に推進するようになり，今後の育成会の活動の方向性を示すものとなっている（全日本手をつなぐ育成会60周年記念誌発行委員会2013：140）。

　「手をつなぐ育成会」は発足から今日に至るまでの展開において，親たちだけで，また育成会だけですべてを行おうとしてきたわけではない。親たち自身の意識と活動内容も変化しつつ，地域社会の中に溶け込み，活動を地域ぐ

るみで発展させていくことを念頭に置いてきた面がある。小規模作業所をはじめとした社会資源づくりを通じてつながりを拡げ，協働していく基盤を形成してきたといえる。

4. 親同士の連帯

　育成会は親たちによる社会運動体である一方，同じ状況にある親たちが出会って立場を共有したり，情報を交換したりする場でもある。親が自分たちの組織をつくり，運動を展開する要因には，知的障害者に対する公的施策の不足がある。他方で一人ひとりの親たちが会に参加していく動機には，親同士の交流や情報交換，ネットワークづくりなど，親自身が抱えている問題もある。

　ある地域の育成会を対象にして，親たちの教育観や社会観と，知的障害児の親のこれからの生き方を検討した高田（1984）は，障害児教育をめぐる社会的意識の高まりと制度の拡充の方向に呼応して親たちが自ら積極的に活動を始め，親同士相互の横の広がりを生むといった会の発展のなかで，親同士の連帯の強化が1つの運動体となり，制度への要望と主体的・創造的な独自活動につながってきたことを指摘する。

　他にも親の会が参加者である親にもたらす影響として山田（2008）は，会に参加する親の多くが，入会によって子どもの障害への理解が深まって，より適切な関わり方へと変化してきていることや，進路選択や就労準備に関する見学会の開催や先輩の親たちの話が役に立っていることを明らかにしている。

　会に参加することで親たちは，同じような悩みを抱える者同士の出会いによって悩みや問題を互いに共有し，受容される経験をしたり，勇気づけられたり，情報交換や他の親の姿からライフステージごとの生活モデルを得られる経験をする。それを通じて親たち一人ひとりが，自分自身について，また知的障害のある子どもとの関係について，あるいは他の家族との関係について見つめなおしていく。そしてまた，社会に対しての発信や知的障害者やその家族以外の人々との協働につながっていく。ここに，親たち同士がつなが

る意義があらためて見出せる。

　しかし育成会に限らず，会員不足や会員の高齢化などで活動の継続に困難を抱えている親の会も少なくない。原・増田（2016：71）は，ある知的障害者の母親の語りから，親の会などの親たちの集まりのなかで役員を担って積極的に活動に参加することが，「わが子を守るために始めた活動がわが子を『ほったらかし』にすることになるパラドックス」ともなっていることを指摘する。親たちが中心となって運営される親の会であるが，参加状況やそこに注ぐ労力は一人ひとり異なり，一部の親に負担が偏ってしまうことも少なくない。

　また，親たちのなかでの世代間のギャップもある。若い世代の親たちは，障害福祉サービスの充実が進むにつれて，一定程度のサービスがあるなかで子育てを経験するようになってきている。また情報通信技術の発展によりインターネットを通じて情報収集が可能になっている。そのため，親の会への参加やそこでの情報収集等に特段大きな意義を感じ得なくなってきていることもある。この点は手をつなぐ育成会が創立から40年が経過した1991年に，「現在の『手をつなぐ親の会』運動と事業は，多くの先輩たちの努力によって推進されてきたのである。今，集団主義になじんだ古い世代と，まず自己主張を優先する若い世代のギャップが問題視されるが，社会の変化，環境の変化，意識の変化を見極め，その変化に対応できる人材を育成していくことは，常にリーダーに求められていることである」（緒方2001：373）との認識が示されていることからもわかる。また会員である親が亡くなった場合などに，きょうだいがその立場を引き継ぐこともあるが，常にそれがうまくいくわけでもない。

5.　1つの運動体としての今後と多様な主体との協働

　では，社会における1つの運動体として，日本の知的障害者の福祉に大きな影響を与えてきた「手をつなぐ育成会」が，今後をどのように見据えていくことができるのだろうか。

　1981年の国際障害者年の時期に育成会は，「制度が進んで親の会がなくな

ることが親の会の目標であると言われた時代がありました。それは自然な考え方であると思われます。しかし実際は制度が進めば進むほど新しい必要があらわれて親の会が新しい課題として活動に取り組まなければならないことが経験されて来ました。(中略) ひとりひとりはみな条件が違うので個別化を要求し，はみ出すところがどうしても生じます。親の会の運動や先行的試行的な実践が必要になって来るわけであります」と捉えている（緒方 2001：283）。

　この考え方は基本的には 60 周年を迎えた 2013 年時点でも変わっておらず，育成会副理事長（当時）の片桐は「知的障害のある人への教育・福祉・保健・医療のサービスが 100% 拡充され，満足であるならば，育成会の存在と活動は不要と言えるでしょう。またサービスが拡充されることと，育成会活動の存在意義は，反比例になりうることも想定されます。しかし，療育手帳などの保持者数は年ごとに増加し，個別ニーズは拡大・拡散の傾向であり，この方向性は個人の『人格の尊厳と人権の尊重』が標榜される社会において，不可欠であり，育成会の存在意義・運動・事業の基盤でもあります」という（全日本手をつなぐ育成会 60 周年記念誌発行委員会 2013：33）。

　「手をつなぐ育成会」はその活動展開において，知的障害者の親が自分の子どもとの関係を超えて，他の親たちと出会い，さらに社会資源づくりを通してさまざまな人々とつながりを形成しており，多様な協働を通じて知的障害者の地域生活支援に関与してきている。そして親の会として，社会に発信する主体として，課題を抱えながらも今後どのような役割を担っていくかが問われている。

　そして，親の会としての育成会の活動と，知的障害者たち自身による活動との関係も，今後の育成会においてより重要になってくるだろう[3]。親の会として発足した育成会が多様な主体と協働しながら活動を展開してきたなかで，その「多様な主体」には知的障害者たちも含まれる。

　本人活動との協働のあり方も含め，組織としての育成会が今後どのような

---

[3]　この点は，全日本手をつなぐ育成会 60 周年記念誌発行委員会（2013）においても指摘されている。

役割を担っていくのかは，親による支援や関わりを，どのように位置づけうるかの問いともつながるものであるといえる。

第2節　知的障害者の当事者活動の展開

　知的障害者の親の会は，知的障害者の福祉の推進とともに知的障害者の思いの代弁の役割を果たしてきたが，それは一方では知的障害者自身の声が前に出てこず，親たちの思いに覆われてしまう面もあった。しかし欧米における知的障害者たちの活動の始まりと，そこで自ら意見を表明している人々の姿を目の当たりにした日本の知的障害者たちも，自分たちの組織をつくり社会に発信してきた。これらの活動も，知的障害者が地域で暮らすための基盤形成に影響を与えてきた実践であり，「当事者活動」や「本人活動」などと呼ばれる。

　なお当事者活動とは「当事者による当事者のための活動のこと」（河東田1998：112）であり，当事者活動を行う組織である当事者組織は，「普段の生活や活動単位の枠を破ったメンバー構成がなされており，そこに集う人たちが主体的にその組織の活動や運営に参加・参画できている組織体」（同上：113）という特徴をもつ。

　本節では，日本における当事者活動として，「手をつなぐ育成会」の活動展開のなかで発展してきた「本人の会」と，海外のピープルファースト運動を基盤に展開してきた「ピープルファーストジャパン」の2つの組織の発足の経緯や活動展開，そこにおける知的障害者自身の主張から，どのような協働が見られ，社会との接点創出を図ってきたのかを概観する[*4]。なお「本人の会」は，知的障害者の本人活動を行う組織を表す用語として用いられることが多く，特定の団体名ではない。

[*4]　日本における知的障害者の当事者活動（本人活動）が，世界の流れと同様に，親の会を基盤にした知的障害当事者たちの活動展開・組織形成と，ピープルファースト運動の2つの流れを踏まえて発展してきたことは保積（2007：13）も指摘している。

1. 日本における当事者活動——本人の会とピープルファースト ジャパン

(1)「手をつなぐ育成会」の活動展開と「本人の会」
——親の会を基盤とした発足

　1980年に神奈川県川崎市育成会が会員に知的障害者本人を含めるように したことで，徐々に育成会のなかで，知的障害者本人が主体となることの重 要性が語られるようになっていく。そして親の会や施設関係者による既存の 組織に知的障害者自身が参加し始めるなかで，1989年に育成会の全国大会が 金沢で開催された際に初めて知的障害者の分科会が設定され，意見発表が行 われた。

　これ以降，1990年代に入って日本でも当事者活動が活発になっていく。育 成会を基盤とした本人活動の展開については，立岩・寺本（1998），保積 （2007），古井（2012）など，さまざまな研究者によって整理されている。そ れらによれば1991年の東京での育成会の大会では，準備段階から知的障害者 も参加して企画運営に関わり，また本人中心の分科会が作られた。さらに 1994年の徳島での大会以降，育成会における本人活動が本格的に始まり，現 在に至っている。この1994年の大会では，知的障害者の「本人決議」が初め て採択され，決議の概要に，知的障害者がこれまで意見を言える・聞かれる 場がなかったことに対して，自らの意見を表明し続けることが示されている。 また「精神薄弱」の言葉を団体名称に用いていた育成会に対してその変更と， 決定過程において自分たちの意見を聞くよう要望している。

　さらに本人活動は育成会内部に留まらず，より広い展開を見せていく。1994 年の徳島大会以降について保積は，国の新障害者基本計画に関する懇談会 （2002年）では3人の知的障害者が参加して発言を行ったり，2003年には地 域生活支援に関する意見書を提出するなど自分たちで考え，社会に向けて提 言を行っていくようになり，さらにそれを，全国の組織と交流を深めて再び 社会に問いかけていくといった展開につながっていくのであると述べている

（保積 2007：14）。また，2004 年には育成会の主催により，知的障害者が支援
者とともにニュージーランドの育成会を視察し，本人参加のあり方や，わか
りやすい情報提供の方法について学ぶ機会がもたれている（保積 2007：16）。
海外の知的障害者たちや，当事者活動との交流も活発に行われてきたのであ
る。

（2）ピープルファーストジャパン──海外の当事者活動を受けた
全国組織として

　もう 1 つ，日本の知的障害者の当事者活動として一定の歴史と活動実績を
もつピープルファーストジャパンであるが，その活動は欧米で誕生・発展し
てきたピープルファーストの流れを受けている。

　1973 年にアメリカのオレゴン州で開催された知的障害者たちの会議にお
いて，ある参加者が「ピープルファースト」と発言したことにより，「まず，
人間である」という意味の「ピープルファースト」を名称とした知的障害者
の当事者活動が世界的に広まっている。

　1993 年にカナダで開かれたピープルファーストの第 3 回国際会議には，日
本から約 80 人の知的障害者と支援者が参加した。参加した知的障害者たち
は，積極的に自己主張する他国の知的障害者から大きな刺激を受け，「日本に
も自分たちの会をつくりたい」という思いのもと，意欲的に当事者活動に参
加していくようになった[5]。そして 1994 年に大阪で第 1 回の全国大会を開催
し，以降は毎年（ただし 2008 年と 2020 年を除く）各地で全国大会が行われ
てきている[6]。

　2000 年の全国大会の実行委員会において，地方のピープルファーストから
全国組織としての会則案が提示されたことを受け，大阪に事務局を置いた
「ピープルファーストジャパン設立準備委員会」が設立され，2004 年に「ピー

---

[5]　カナダのピープルファースト会議に参加した知的障害者の思いについては，ピープ
　　ルファーストはなしあおう会（2001）を参照した。
[6]　ピープルファーストジャパンのホームページ（https://www.pf-j.jp/）を参照した
　　（2023 年 9 月 26 日閲覧）。

プルファーストジャパン結成大会」が大阪で開催された*7。これにより，全国組織としてのピープルファーストジャパンが結成された。またその過程では，全国組織結成にあたっての会則づくりも知的障害者自身で行われてきた。

　ピープルファーストジャパンの目的は，困難を抱えていても地域で当たり前に暮らせる社会をつくることであり，その具体的な活動として「入所施設をなくす」「自立生活をするための地域のサービスを増やす」「差別，虐待をなくす」「ピープルファーストを広めること」「その他必要と思われるときは，その時々に話し合いによってきめる」の５つが示されている*8。

　運営体制は会員制をとり，知的障害当事者を「正会員」，支援者を「アドバイザー会員」，その他団体を応援してくれる人を「協力会員」としている。主な活動は，各地域のピープルファーストがそれぞれ個別の活動を展開するとともに，全国組織としては全国大会の開催，月１回の通信の発行などを行っている。全国大会では，実行委員および全国役員を通じて各地のピープルファーストに分科会の募集がなされ，どのようなプログラムにしていくかも知的障害者自身が決めていく。また，全国で生じた知的障害者への差別・虐待事件に対する意見書等の提出*9，各自治体の障害福祉施策への提言や，国の障害福祉施策への要望等も行っている。

2. 知的障害者自身が声を出す

　当事者活動の活動内容の展開やそこにおける当事者の発信からは，知的障害者が自分の「生」をどのように見つめているかがうかがえる。また時に，知的障害者が親との関係をどのように捉えてきたのかも現れている。

　「本人の会」の活動を見ると，親の会である育成会が生み出した活動や各種大会などの主張の場，つくりあげてきたネットワークが，知的障害者がそこ

---

*7　前掲*6。また「ピープルファーストジャパン設立準備委員会のあゆみ」（pfjapanjyunbi.pdf）も参照した（2022年8月13日閲覧）。

*8　前掲*6。

*9　近年ではたとえば，2016年に起きた障害者施設殺傷事件について，メディアを通じた発信や自治体への要望書を提出している（前掲*6を参照）。

への参加を通じて互いに出会える機会にもなっており，親の会が当事者活動誕生の1つの基盤となっている。また，当事者活動の組織化や運営に対して，既存の親の会がバックアップをしているところもある。つまり親の会は，当事者活動を支える側面も持っているのである。しかし当事者活動の主張と親の会の主張は必ずしも常に一致するわけではない。

　このことは，育成会の大会において知的障害者たちが示した「本人決議」に象徴される。またピープルファーストも「親の会が入所施設をつくるように言ってきたけど，それは親の希望であって，ぼくたちの希望ではなかった（中略）本人は何も言えないようなところがあったので，これはだめだと思った」*10（特定非営利活動法人ピープルファースト東久留米 2010：38）と，知的障害者と親の意見の相違を明確にしている。

　当事者活動は親の会から影響を受けるだけでなく，親の会に影響を与えてもきたのである。当事者活動が親の会から独立していくなかで，親たちの意見と知的障害者の意見が異なることが明確に示され，知的障害者が参加・決定していくことを親の会に対して訴えてきた。そして，親たちがすべて用意するのではなく，知的障害者の意見や活動を尊重し支えることに親の会の目を向けていき，団体の変革の一端ともなった。これらのことは，知的障害当事者が親とは異なる個別の存在であることを主張し，自分自身について考え始めたことを示している。

　親たちへの「声の出しづらさ」は，知的障害者が親に対してだけでなく，社会のなかで自らの意見を表明する機会が圧倒的に少なかったことがあるだろう。これは周囲が知的障害者に対して，知的障害ゆえに積極的に意見を主張したり自分自身で何かをしたりすることが不可能だと思い，知的障害者自身の意見を聞いてこなかった（知的障害者にとってみれば自分の意見を聞かれることがなかった）ことでもある。

　当事者活動は，社会に対しても入所施設制度からの脱却や，障害者への差別・虐待防止を強く主張し，また国の施策に対しても意見表明を行うなど，

---

*10　この部分に関しては，代表の小田島栄一によって著されている。

制度展開にも影響を与えてきた。そこにおける主張からは，知的障害をもっ
て生きることは受動的存在として生きることではなく，自分自身を見つめな
がら，自分に合う方法で主体的に生きていくことだとわかる。

　「私たちは障害者である前に人間だ」という主張からは，知的障害者がそれ
までどのような状況で生きてきたのか，その切実さがうかがえ，「人間」とい
う言葉に対する知的障害者の強い思いが感じられる。知的障害という心身機
能面の特性そのものを自身から切り離すことは難しく，アイデンティティ形
成にも何らかの影響があるだろう。しかし，たとえば何かを楽しむことや挑
戦すること，いろいろな人々と交流することなどは，知的障害者であろうが
なかろうが，一人の人間としての営みである。個人の障害特性に基づいた配
慮や支援はなされる必要があるが，知的障害があることが，その個人のすべ
てではない。

　当事者活動は，知的障害者が抑圧などへの不安や恐れを抱えながらも勇気
を出して声を出し，一人の人間として尊重されることを訴え，主体性を取り
戻そうとする活動であり，知的障害者が捉える自分の「生」のあり方を示し
ているのである。

3. 知的障害者同士の連帯

　当事者活動を通じて知的障害者は親の会の陰に隠れるのではなく，自ら社
会とつながる機会を得ていく。また同時に，当事者活動が知的障害者同士の
連帯の機会ともなり，一人ひとりのエンパワメントにもつながっている。

　日本の知的障害者の当事者活動が主に仲間づくりを目的に発展してきた背
景には，施設や特殊教育を中心とした福祉的な領域への隔離が進められてき
た結果として，同じ障害をもつ人たちのある種のコミュニティが形成されて
きたことがある（立岩・寺本 1998）。そして当事者活動は，セルフ・ヘルプ・
グループとして，知的障害者自身が活動を積み重ねることで発言力や自信の
獲得につながっている（三田 2003）。

　当事者活動に参加した知的障害者たちは，自分の意見を言うことだけでな
く，他の人の話を聞いたり，他の人が自分の意見を伝える様子を直に感じた

り，他の人とつながりを得ながら「自分だけではない」ことを実感したり，また自分たちで話し合って決めたことを実際に行動したりという経験を重ねていく。このような側面を保積（2007：19）は，「人間として自分の権利のために立ち上がる」「仲間同士が互いに助け合う」「自分たちの支援者を選ぶ」というセルフ・アドボカシーの技術を体得し実践していくことができる場となっているという。

　知的障害者の当事者活動における自立生活プログラムを取り上げ，実践者である知的障害のあるリーダーにとっての活動の意味を明らかにした古井（2013）も，自立プログラムの実践によりリーダーは，自信と責任感がもてる，日常生活に関するセルフ・アドボカシーを行うことができる，失敗体験を伝えられる，自分の行為への気づき，他者への配慮ができるといったことにつながることを指摘する。そして当事者リーダーにとって自立生活プログラムの活動は，自分がしていることと家族や支援者がしていることの意識化につながり，それによってリーダーが，これから自分ができること・したいこと，自分が周囲にしてほしいこと・できることを考え発信するといった，地域生活の主体者として立ち上がることが可能であると捉えている（古井2013：122）。

　さらに当事者活動には，活動の積み重ねや仲間との出会い，他団体との連携のなかで知的障害者の権利意識が醸成され，それを他者に伝えることで知的障害者自身にとってもさらに深く権利意識が根付くという循環がある（神部2019：13）。知的障害者は当事者活動において仲間をはじめとした家族以外の多様な他者と協働しながら，親の会とは異なる自分たち自身の主張などを示すことで，地域生活の基盤形成に向けた一石を投じているといえる。

4．どのように支援者と協働するか

　当事者活動は，知的障害者が主体となって知的障害者自身がつくりあげていくものであるが，完全に知的障害者だけで運営されているわけでもない。
　パンジーさわやかチーム・林・河東田（2008）によれば，日本の知的障害者の当事者活動は，①施設内自治会または施設OBをも含んだ施設関連の当

事者組織，②育成会等，既存の組織が関与した組織内当事者組織，③当事者団体が組織しようとしている当事者組織，④当事者自身の手によってつくられた当事者組織，⑤各地域の障害者青年学級や学習およびレクリエーション・サークルを母体にした当事者組織の，5つの形態に分類できる。

そして立岩・寺本（1997：97）は，形態が異なる組織ができるのは，知的障害者を具体的に支援している親，施設職員，障害者団体などが，どのような組織と一番関係が深いかにもよるとし，当事者活動の設立や継続における支援のあり方によって，知的障害者自身が運営する組織の拡大や，知的障害者たちが設立する組織の連鎖的な誕生につながるという。

当事者活動は知的障害者主体のものであることを前提にしながら，実際の会の運営や活動は，知的障害者同士の連帯だけでなく，その他のさまざまな人たちとも協働しながら展開されるものである[*11]。

だが知的障害者同士の間での相互作用と，知的障害者と支援者の相互作用は異なってくる。知的障害者の自立を目指して活動し，社会福祉法人を立ち上げて取り組んできた林（2016：89）は，ある女性に地域のピープルファーストのリーダーになることを提案した際に，支援者からの提案と，海外のピープルファーストのメンバーからの提案とで本人の反応が異なり，支援者との関係と当事者同士の関係がもたらすものの差異を実感している。

また，支援者の役割は支援であり指導ではない（ビル・ウォーレル著／河東田訳2010）とされるように，当事者活動に対する支援者の関わり方も問われる。そこには知的障害者と親との関係と同様，パターナリズムや支援者主導になる危険性もある。しかし神部（2021：29）は，当事者運動の支援者の役割認識の変容過程から，支援者自身もその危険性を十分に認識し，知的障害者とのパートナーシップや見守りをその役割として認識することで，それらのリスクが回避される可能性を見出している。また津田（2005：68）はセルフ・アドボカシー運動における知的障害者の表現に対する解釈者として支

[*11] そこにはもちろん，知的障害者たちと親たちとの協働も考えられる。しかし先述のように当事者活動は知的障害者と親が異なる存在であることの主張も含んできていることから，ここでは家族以外の「支援者」との協働に焦点を当てていく。

援者を捉え，支援が代弁や代理行為ではなく，表現の解釈とそれに基づいて
社会に向けられる行為であるときに，知的障害者と支援者がともにエンパ
ワーメント過程のなかにいるといえるとする。

　関連して，植戸（2004）は自身が「本人の会」の支援者でもある立場から，
知的障害者のなかには，非常に限られた社会関係のなかで，限られた社会経
験しかしてきていない人もいることを指摘し，さまざまな体験の機会の提供
を支援者の重要な課題と捉えている。また活動内容など会のあり方に関する
思いや，他の本人の会との交流といった，会として社会関係を広げていくこ
とへの関心が知的障害者と支援者で異なっている状況に対して，知的障害者
も支援者もともに学びあい，真の本人活動を展開し，またそれを支援してい
くことが望まれるとしている（植戸2004：55-57）。

　これらの指摘は，当事者活動を通じて，知的障害者と支援者がどのように
協働していくかを示したものであるだろう。親の会が親たち同士の連帯や，
その他の多様な人々，団体・組織と協働してきたように，知的障害者の当事
者組織も，個々の参加者同士の協働や，会の運営をサポートする支援者との
協働がある。また1つの社会的団体としてその他の組織・団体と協働しなが
ら運動を展開してきており，自分たちが地域で当たり前に生活することを可
能にする社会をつくるために取り組んできたのである。

知的障害者の自立に向けた
第4章　親の取り組み

　本章では，知的障害者の親たちが積極的に知的障害者本人の自立に取り組むことでそれが実現してきた事例として，母親たちが中心となって立ち上げた NPO 法人を取り上げる。そしてケアの多元的社会化の個人レベルの実践に関わる視点として，グループホーム（以下，GH）入居を中心とした自立プロセスにおける知的障害者と親のそれぞれの思いを，また地域レベルの実践に関わる視点として，法人運営における親の関与のあり方を明らかにしている。

　自立に向けて取り組む母親たちも，GH に入居した知的障害者たちも，自立への積極的な側面と消極的な側面の両方を持っている。また自立意識は自らの内から自然に出てくるだけでなく，他者との相互作用によって引き出されるような受動的な一面がある。さらに法人運営において母親たちと支援者の対等な立場による協働を実践することで，親が間接的に知的障害者の自立生活を支えている可能性があり，親子関係を多面的に捉えながら自立や「脱家族」を論じる必要がある。

第1節　母親たちが設立した NPO 法人

　知的障害者の地域生活に関わり，「自立」の文脈で主題化されてきた「親元からの分離」と「親によるケア（家族ケア）からのケアの担い手の移行」ではあるが，実際にどのように自立を実現していくかというと，知的障害者自身が積極的にその意思を示す場合ももちろんあれば，むしろ親のほうが積極的に情報収集や本人・周囲への働きかけを行ってそれを実現していくこともある。また制度に先駆けて親の会や当事者組織が果たしてきた役割も大きい。

本書が捉えるケアの多元的社会化において，親の会や当事者組織は，個別具体的なケアの担い手の移行も含めて知的障害者の生活を支える地域レベルでの基盤，ひいては制度レベルでの基盤形成のための，1つの重要な主体であるといえる。

　X法人は親たち，特にケア役割が偏在化しやすい母親たちが中心となって立ち上げて運営してきているNPO法人である[*1]。全寮制の特別支援学校高等部で知り合った母親2名が関係者に呼びかけて2006年に設立し，呼びかけ人とは別の母親が初代理事長に就任して，主に学習・生活支援事業，余暇活動支援事業，広報活動を実施・拡大していった。2010年には，理事長に外部の教育関係者を招聘するなど組織体制を変更した。同時期に母親たちはプロジェクトを立ち上げて自立体験プログラムの開催ならびにGH設立準備に取り組み，2013年3月に最初のGHが，2014年2月に2カ所目のGHが立ち上げられた。なおこの過程で，法人設立者の一人である母親が理事長に就任している。その後も新たなGHの設立や就労継続支援B型事業所の設立，当事者活動支援事業，家族への支援事業，福祉コミュニティづくりなど多岐にわたる事業展開を行ってきている[*2]。

　X法人は，設立メンバー含め，特別支援学校高等部の親の会を通じたネットワークが法人への入会につながってきた点に特徴があり，母親たちのネットワークが強い。その影響もあり，特に団体の活動展開の初期は，事業に参加する知的障害者たちも同じ特別支援学校の出身で，以前から知り合い同士である場合も多かった。また法人の事業や運営が母親たちによって担われてきた面が多く，事業や法人の運営に母親たちの協議を反映させている一面もあるなど，設立時から母親たちの主体性が現れている。

[*1]　X法人は，もともとは発達障害者やその家族への支援を目的として立ち上げられ，運営されている。しかし筆者がインタビューした母親たちは，法人設立者を含めて全員，障害のある子どもが療育手帳を取得しており，実際には知的障害もある発達障害者の親たちであるといえる。

[*2]　筆者が調査を実施した2013年11月および2014年3月時点での運営事業は2カ所のGH，独自の余暇活動や自立支援事業，研修・広報活動等であった。その後の運営事業については，2022年2月25日にX法人のホームページで確認した。

　母親たちはなぜ GH の設立に取り組み，また知的障害者たちはなぜ母親た
ちが立ち上げた GH に入居したのか。これらの背景にある両者の思いから，
第 2 節以降では，GH 入居という親元からの分離と，それに伴うケアの担い
手の移行に対する知的障害者と親のそれぞれの捉え方や，ケアの多元的社会
化の様相を見ていく。

　なおこれ以降，知的障害者を表す言葉として「本人」を用いることもある。
これは，「知的障害者自身」ならびに，母親にとっての「知的障害のある子ど
も」と同義の意味の言葉として用いている。

第 2 節　子のグループホーム（GH）入居への母親の思い

　本来はケア関係と居住状況はそれぞれ別のものとして捉えられるが，現実
的には一体化しており，居住の場を分離することはケアの担い手を移行する
大きなきっかけになりやすい。母親たちの GH 立ち上げは，それまで主にケ
アを担ってきた母親たち自身による，ケアの担い手の移行の実践として位置
づけられる。本節では，X 法人の事業・運営に関わる 7 名の母親へのインタ
ビュー調査の結果から，子どもの GH 入居や自立に関する母親の思いを明ら
かにする。

1．調査概要および分析の視点

　X 法人の事業・運営に関わる母親たちのうちの 7 名に対して，2013 年 11
月に半構造化インタビューを実施した。調査の実施にあたっては，事前に立
教大学コミュニティ福祉学部・研究科倫理委員会の承認を得た。また調査協
力者にはインタビュー前に直接，調査趣旨，結果の公表，プライバシー保護
等について口頭と文書で説明を行い，調査協力への同意を得た。インタビュー
時間は一人あたり 1 時間半〜2 時間で，録音が可能であった 6 名については，
同意を得たうえで内容を IC レコーダーに録音した。

　調査協力者は，一部を除いて，GH 立ち上げプロジェクトに関わった母親
である。また全員が，法人理事・運営委員（当時）などの役職に就いていたり，

表4-1　調査協力者の属性（X法人の事業・運営に関わる母親たち）

氏名	年齢	職業	知的障害のある子	家族構成	X法人への関わり方
A氏	60代	自営業	長男（20代・中度障害）／GHに入居	長男	設立者・理事・GH世話人
B氏	50代	自営業	長男（30代・軽度障害）／GHに入居	長男, 長女, 次女	理事・GH世話人
C氏	60代	常勤	次男（20代・軽度障害）／GHに入居	長男, 次男	イベント等のスタッフとして参加
D氏	60代	無職	長女（40代・軽度障害）／GHに入居	長女	法人の運営委員
E氏	50代	不明	長男（20代・中度障害）／親と同居（後にGHに入居）	長男, 父母	イベント等のスタッフとして参加
F氏	50代	不明	長男（20代・軽度障害）／親と同居	夫, 長男	GH世話人（食事作りのみ）・学習支援スタッフ
G氏	40代	無職	次女（10代・重度障害）／親と同居	夫, 長男, 長女, 次女, 母	法人の運営委員・学習支援スタッフ

※2013年調査時点

事業スタッフ・ボランティアであったりと，X法人の事業・運営に関わっている。調査協力者の母親7名についての詳細は，表4-1に示している。

　調査協力者は全寮制の特別支援学校の親の会で知り合ったメンバーであり，7名中5名は配偶者と死別もしくは離別している。4名の母親はすでに知的障害のある子どもがX法人運営のGHに入居しており，本人が親からの自立を一定程度達成している状況にある。一方3名の母親は本人と同居中であり，自立プロセスの途中段階にあるといえる。なおE氏については，翌2014年度のGH入居者へのインタビュー調査実施時点で，すでに本人がGHに入居していた。

　分析にあたっては佐藤（2008）の『質的データ分析法』を参考に，まずインタビューデータをセグメント化して要約し，そこから焦点的コードを抽出し，それをもとに概念カテゴリーを生成した。次に分析の視点として，自立

に対する母親の積極的側面と消極的側面を軸に据え，母親たちがどのような思いを抱きながら X 法人の設立や GH 立ち上げなどに関わり，子どもとの関係やケアの担い手の移行を捉えているのか考察した。なお，すでに子どもが GH に入居している母親と，子どもと同居中の母親の両者の立場があることから，分析は特に GH 入居に至るまでの意識に焦点を当てて整理した。調査結果の分析に基づき抽出された概念カテゴリーは【　】で表し，各概念カテゴリーを構成する焦点的コードは〈　〉で表している。セグメントの要約内の（　）は筆者による補足である。

2．自立に対する母親の積極的側面

X 法人の活動展開や GH 設立においては，知的障害のある子どもの将来的な生活を見据え，親とともに暮らすのではなく，またケアの担い手を親自身から他者へと移行していくことを試みた，自立の実現への取り組みとしての側面がある。またそれは，自立生活運動において障害当事者が主体となって実現してきた「親からの自立」としての「脱家族」を，親の側から試みていく実践でもある。実際に団体の運営や GH 設立に関わっている母親たちの意識には，自立やケアの担い手の移行への積極性が表れている。

この積極性に関する要因として，母親 7 名の語りから【自ら動く必要】【家族ケアへの漠然とした不安や限界の自覚】【ケアの担い手の移行に向けた子どもへの働きかけ】【知的障害のある子どもの変化の実感】【母親主体であることへの肯定的評価】の，5 つの概念カテゴリーが抽出された（表 4-2 参照）。

さらに各要因を，「母親と本人を取り巻く環境」「本人との関わり」「X 法人との関わり」に分類して，これらの関連も含めて図 4-1 のように整理した。以下，それぞれの要因の具体的内容を示していく。

（1）母親と本人を取り巻く環境

まず，母親たちは多かれ少なかれ，知的障害者が望む生活を安定的に送っていくうえでの〈情報や社会資源の不足〉を感じてきている。自治体により制度や社会資源の整備状況に差異があることを実感したり，母親同士の情報

表4-2　自立に対する母親の積極的側面

【カテゴリー】	〈コード〉	セグメントの要約　※（　）内は筆者による補足
自ら動く必要	情報や社会資源の不足	最初に住んでいたまちは社会資源が不足／子どもに障害があるとわかってから都市への転居を考え／情報がない／地元に何の支援もない／特別支援学校のことも知らなかった／地域によって差を感じる／ほとんどのことは親同士の話で得ている／障害年金のことなども知らなかった／市などから教えてもらえることがほとんどない／自分が行かないと教えてくれない
	知的障害者やその家族に対する周囲の理解不足	偏見や差別に対して子どもの人権を守るための覚悟はしてきた／理解してくれる人が必要／専門職だけでなく一般の人の認識／安心して生活するために／周囲の理解が必要／特に職場では，上司が変わったり周囲の人が変わったりする／地域での理解も必要／障害者に出会ったことがない人が多くて理解してもらえない／どうしても珍しい目で見られる／親自身が珍しい目で見られて疎外されてきた／子ども自身もいじめられる／親もなぜあなただけ特別なのかと言われてきた
家族ケアへの漠然とした不安や限界の自覚	家族状況の変化への不安	（夫が）亡くなる前後あたりから，やっぱり子どもが，私が一人になってこれからどうしようかと／将来的な居場所としてのGHについてはX法人で具体化する前から思っていた／（GH入居を）いつを目途に考えるかを，漠然と自分が70歳になるまではそこを確立しておかないと／自分がいる時に自立してほしい／自分が死んでから出ていくようになることの方が不安
	家族ケアのジェンダー性	夫は何をしているか全然わかってない／（夫に）説明は1回したが理解できてないから，もうそれから説明してない
ケアの担い手の移行に向けた子どもへの働きかけ	家族ケアの限界についての子どもへの意識づけ	いつか親がいなくなることは話してきた／GHっていう話をする時に，本人に，お母さんが元気な時じゃないと戻ってこれないよ，と言った／私が元気な時なら何回かそういうこと（注：GH入居）ができるから，今のうちにどこかでした方がいいんじゃないの，と言った／私がいつか死ぬことはたびたび話していて
	子どもの生活力獲得に向けた働きかけ	洗濯物たたみや炊飯を子どもの仕事にしていた／お茶の入れ方や洗濯を教えている
	親子が離れて過ごす時間の確保	全寮制の学校を選んだのも，親元から離れた生活を意識して／男の子だから，1回家を出そうと決めていた／寮生活も一つの方法だと思って出した／なるべく親から離れたところで過ごさせる時間をたくさん作りたい

表4-2　つづき

【カテゴリー】	〈コード〉	セグメントの要約　※（　）内は筆者による補足
知的障害のある子どもの変化の実感	子どものライフステージの変化	（子どもの自立を）漠然と30歳を想定していた／（子どもが）若い時は良かったけど，30歳近くなると将来が不安だった／（子どもが）30歳くらいの時に，35歳くらいを（自立の）目標にしていた／なんとなく先々でとは思っていた／漠然と自分が70歳になるまでは／（自立は）早ければ早い方が良い／とりあえず30歳くらい／18, 19歳頃から10年計画で，30歳くらい／就職して10年目が節目で，30歳頃に仕事と生活の見直しが必要と聞いている
	自立への子どもの積極性に触れる	ちょうど離婚する話が出ていた時期で，本人も感じることがあったらしくて，自分からGHに入ると言った／（本人の意思表示に）とてもびっくりした／親としてはそういう（注：GH入居のこと）気はなかった／自分が面倒見ようと思っていた／3人暮らしの時は本人自身も家が居心地が良く，GHにあえて入るという気分はとても無理だろうと内心ずっと思っていた／本人がGHに入る気分になるのはどういう時なのかと思っていた／夫が病気になり，亡くなった時に本人がすごくクールに，自分が一人になるということを現実の問題としてすぐ思っていた／自分にはそれ（注：本人の様子）が不思議だった
母親主体であることへの肯定的評価	子どもに寄り添える	（子どものことを）ちゃんと見てくれている／子どもがしてほしいことや嫌なことをわかってくれる
	同じ立場同士の母親に寄り添える	自分たちの意見が言える／親の悩みに対して身近
	従来のつながりに対する安心感	初対面の人との共同生活ではなく顔見知りであること／本人だけでなく親も親同士で知っていることの安心感／何かあったら何とかしてくれるだろう
	専門職との違い	仕事として時間に追われるのではなく関わってくれる／他の人を雇った方が親は楽にはなるが，いろんな面でこれはこうしてほしくないとか要求が通らないとかはあるだろうし

交換も含めて自ら聞きにいかないと必要な情報が得づらい経験をしたりと，親たちが自ら動き資源を創出していかなければならないような環境的課題がある。

　さらに〈知的障害者やその家族に対する周囲の理解不足〉もある。実際に学校や職場やその他さまざまな地域生活の場面において，本人にも母親自身

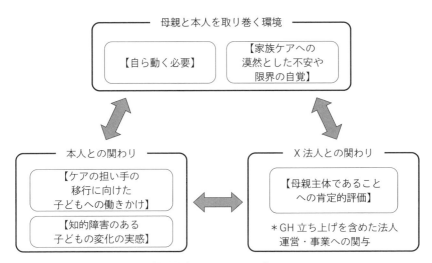

図4-1　自立に対する母親の積極的側面の要因間の関連

にも偏見の目や周囲からの疎外があることが実感されている。知的障害者が地域で安心して暮らすための環境を整えるには，制度の充実やさまざまな設備の整備だけでなく，周囲の人々の知的障害者に対する意識も変革される必要があることがわかる。

　こうした環境的課題を実感してきた母親たちは，本人の今後の生活に向けて，転居，親同士のネットワークをはじめとした自分からの情報収集，周囲の理解を得る努力といった【自ら動く必要】を考え始めていく。

　また家族の状況の現実とも相まって，本人と同居しているなかでの【家族ケアへの漠然とした不安や限界の自覚】が見られる。そのうちの〈家族状況の変化への不安〉として，配偶者との死別経験や，母親自身がいるうちにといった思いが表れている。実際，具体的に明言されることはあまりなかったが，7名の母親たちのなかで，配偶者との死別あるいは離別を経験している人が少なくないことは，留意する必要があるだろう。これまで家族ケアが実践されてきた「家族」そのものが大きく変化することによる条件の変化で，家族ケアを継続し続けていくことの困難とケアの担い手の移行が，より現実的な課題として認識されていることがわかる。

今後の家族状況の変化とそれに伴う知的障害者の生活への不安が，母親自身の手が届かないかたちでの変化が実際に生じる前に，自ら新たな状況を作り出していく志向につながっていることが指摘できる。

また，GH 設立など X 法人の運営・活動に関わっている母親自身と比べて，父親の意識に差異があることが実感されている。この〈家族ケアのジェンダー性〉は，配偶者との死別や離別を経験しながら，知的障害のある子どものケアを担い続けてきた他の母親たちにも，少なからず影響していると考えられる。

近代社会における性別役割分業では，ケアは家庭内で女性（母親，嫁，娘など）が担う役割とされ，現在でも障害児・者のケアは家庭内で，主には母親が担うべきとの規範も根強い。母親にケア役割が偏り，知的障害者と母親が過度に密着するいわゆる「母子一体化」が生じやすいなかで，配偶者との死別や離別は「母親のみ」という状況がさらに強まる。GH を設立することで知的障害者へのケアの担い手を移行し，知的障害者が親に頼らなくても生活していける環境を整えることは，母親たちの「自分がいなくなったら」「自分が元気なうちに」という切実な思いに基づいたものでもある。

(2) 本人との関わり──子どもへの働きかけと子どもからの影響

ケアの担い手の移行に向けた母親たちの積極的側面は，GH の立ち上げや X 法人の事業・運営への関与だけでなく，本人との直接的な関わりにおいても【ケアの担い手の移行に向けた子どもへの働きかけ】として表れている。

母親たちは GH 設立前から，家庭での本人との日々の生活において，いずれはケアの担い手が移行していくことを見据えた〈家族ケアの限界についての子どもへの意識づけ〉を行ってきていた。その際には，将来的な親との分離や親と暮らし続けることが困難になる可能性，GH 入居のことなどを本人に直接伝え，自立への意識づけが図られている。

また日常の家事を本人と分担し，〈子どもの生活力獲得に向けた働きかけ〉もなされていた。X 法人は全寮制の特別支援学校の親の会のつながりから事業への参加や入会に至ることが多いが，全寮制の学校では生活習慣の確立も

1 つの目標とされ，寄宿舎での食事準備や洗濯等を知的障害者自身が行ってそのやり方を身に着けていく。したがって本人のほうも，日常生活を自分で営む力の土台を築いてきている面がある。

　これらは，母親による〈親子が離れて過ごす時間の確保〉の取り組みと関連している。全寮制の特別支援学校への入学は，母親のほうが親元から離れた生活も見据えて，目的をもって選択している場合もあった。その他にも，他団体が運営する入所施設での短期入所を利用するといった方法もとられていた。GH 立ち上げをはじめとして X 法人の運営に何らかのかたちで関わる母親たちは，自ら活動していくだけでなく，特別支援学校や他の団体などの既存の社会資源を活用しながら，将来的なケアの担い手の移行を見据えていることがわかる。

　一方で，【知的障害のある子どもの変化の実感】として，知的障害のある子どもの変化や思いに触れることで，母親たちの意識に変化が生じている様子がある。

　今回の調査では 7 名中 6 名の母親が，本人が将来親元を離れる具体的な時期を意識していた。特に本人が 30 歳くらいになった時期とする人が多く，〈子どものライフステージの変化〉を意識した一定の想定もしていた。実際に子どもが GH に入居した母親たちは，母親自身が想定していた時期とほぼ同じか，やや早い段階での入居であった。母親たちの GH 設立実践の背景にはこうした将来想定も重なっていたことが考えられる。

　そして自分が思っていたのとは異なる子どもの姿に出会った母親もいる。たとえば配偶者との離別の話が出ていた時期に，母親自身は考えていなかったが本人のほうから GH 入居の話が出たことに驚く経験をした母親がいる。また配偶者と死別したときに，本人が現実の問題として，今後自分が一人になることをすっと受け入れていたことに不思議な感覚を抱いた母親もいる。こうした〈自立への子どもの積極性に触れる〉ことで，母親自身の子どもの捉え方といった意識の変化が促されているのである。

(3) X法人との関わり——自らも運営・事業に関わる主体として

　そして本人の自立プロセスにおいて母親たちが重視していたのが，X法人が「母親主体」であることであり，【母親主体であることへの肯定的評価】として表れていた。

　実際に，母親たちが主体となって運営してきたX法人の活動に対して，〈子どもに寄り添える〉という肯定的な評価が示されている。あわせて〈同じ立場同士の母親に寄り添える〉ことや〈従来のつながりに対する安心感〉のように，X法人が特別支援学校の親の会のネットワークを生かしながら設立・展開してきたなかで，セルフ・ヘルプ・グループの機能を果たしてきてもいることがわかり，法人の設立経緯の特徴が母親たちの安心につながっている。

　GHは複数人で営まれる共同生活の場であるため，入居者同士の人間関係は互いに生活を継続していくうえで重要な要素であり，場合によってはトラブルにつながることもある。X法人のGHは特別支援学校での従来のつながりが活かされた運営であることで，お互いの生活歴や人となりや障害特性などについて，母親同士が事前に少なからず知り得ている。それにより，入居後の人間関係の形成やトラブル回避等のイメージがしやすくなり，GH入居を積極的に考えられるようになっているといえる。

　また，いわゆる専門職支援者と母親たちとの差異としての，〈専門職との違い〉も意識されている。日本の知的障害福祉政策におけるGHの位置づけの変遷を捉えた角田（2014）が，GH制度化以前の独自事業としての生活寮では親の会の会員，すなわち母親が世話人であることをセールスポイントとしていたと指摘するように，直接的な血縁関係であるかにかかわらず「親（あるいは家族）の立場にある人」がケアの担い手となることが，専門職によるケアに対して肯定的に捉えられる場合がある。ここに，ケア関係と家族関係が重なり合って行われる家族ケアの特徴，いわゆる家族の愛情や親密さが他に代えがたいものとして現れている。

表4-3　自立に対する母親の消極的側面

【カテゴリー】	〈コード〉	セグメントの要約　※（　）内は筆者による補足
変化に対する不安や疑問	母親自身のためらい	GH にすんなり入居してむしろ寂しい／覚悟はしているが覚悟が決まりきってもいない
	団体の体制への不安	NPO 法人としての X 法人の基盤とか組織とかが，永久的ではないと思ってる／（設立者に）最初にお願いっていうか，X 法人がずっと大丈夫だっていう安心感が欲しい／特定の人に負担が偏っていてその人がいなくなったらどうなるのか
	自立への疑問	障害のある人が早く自立しないといけないということはないと思う
子どもの気持ちを汲み取る	母親が主導する自立へのためらい	本人の気持ちを考えるとどうなのかなって思う／じゃあ明日から GH って言われると親も本人もちょっと待ってって
	分離経験のマイナス作用	（全寮制の特別支援学校での生活に対して）本人は家に帰ってきたい感じ／ショートステイを利用したこともあるけど，本人はもう行きたくないというか

3.　自立に対する母親の消極的側面

　しかし母親たちも常に積極的であるわけではない。むしろ消極的な面も持ち，GH をめぐり，さまざまな葛藤がありながら知的障害のある子どもとの関係やこれからのお互いの生活についての模索がされていた。この自立への消極性に関する要因として，【変化に対する不安や疑問】と【子どもの気持ちを汲み取る】の2つのカテゴリーが抽出された（表4-3参照）。

(1)「親からの自立」という【変化に対する不安や疑問】
──ケアの多元的社会化への示唆

　【変化に対する不安や疑問】の1つとして，GH 入居に対する〈母親自身のためらい〉がある。ここには，切実な思いを背景にしながら自分たちで実際に法人展開や GH 設立に取り組んできた母親たちも，いざ，知的障害のある子どもが親元を離れて暮らし，自分が主なケアの担い手ではなくなっていく

ことが現実的な選択肢として浮上してくると，子どもと離れがたい思いを抱き，両義的な状態にあることがうかがえる。

　また母親主体という団体の特徴は母親たちにとって肯定的に評価されていたが，一方で団体の運営基盤や今後の展開に目を向けたときには，〈団体の体制への不安〉という課題も残っている。これは団体の展開過程において，理事長の交代など幾度かの転換点を経験していることや，筆者が調査を実施した 2013 年 11 月時点では最初の GH を設立して 1 年未満で，今後の運営の見通しが十分に立てきれていなかったことの影響などが考えられる。

　知的障害者が親からの自立を実現するにあたっては，家族ではない誰がケアの担い手になるのかということだけではなく，知的障害者の生活においてケアのニーズが安定的に満たされるための，より広い基盤整備も含めて考えられる必要がある。ケアの多元的社会化における地域レベル（ひいては制度レベル）の視点が，母親たちに意識されていることがわかる。この点については第 5 節で，X 法人の運営面に焦点を当ててあらためて考察を行う。

　【変化に対する不安や疑問】には他にも，「障害のある人が早く自立しないといけないということはないと思う」といった〈自立への疑問〉が含まれている。特に，法人設立や GH 設立に積極的に関わってきた母親が，このように捉えていることは注目できる。自立の実現に取り組みつつも，自立が「しなければならない」と規範化されることや，自立する時期が「早く」あることについて一歩立ち止まり，自立を捉えなおそうとする母親の意識が垣間見える。

(2)【子どもの気持ちを汲み取る】ことによる母親の迷い
——本人のニーズとは

　自立に対する母親の消極性のもう 1 つの要因である【子どもの気持ちを汲み取る】は，母親が知的障害のある子ども自身の意思を確認・尊重しようとするなかで表れている。

　たとえば〈母親が主導する自立へのためらい〉として，知的障害のある子ども自身が親元を離れることに消極的であるかもしれず，そうした本人の思

いや姿の一端に触れた母親たちは，本人の立場から考えて GH 入居にためら
いを抱いている。

　また，母親たちは子どもと分離する時間を意識的に確保するなど積極的に
子どもへの働きかけを行っていたが，その経験が常に肯定的に作用するとは
限らず，〈分離経験のマイナス作用〉として逆に本人が母親と離れることに消
極的になる一面もある。こうした〈母親が主導する自立へのためらい〉や〈分
離経験のマイナス作用〉に見られるような本人からの影響は，母親側の消極
性となっていく。

　第1章で，知的障害という特性ゆえに周囲の者が時に本人のニーズを汲み
取り代弁する必要が生じる（そして親が最適な代弁者であるとされやすい）
ことを，第2章で，親によるニーズの代弁が必ずしも本人の気持ちと一致し
ないことを述べた。しかし実際には親たちも代弁が常に完璧ではないと自覚
していることが少なくない[*3]。

　X 法人に関わる母親たちのこれまでの実践は，知的障害のある子どもの今
後の生活の安定を切に願った，子どもへの想いが基盤となっているものであ
り，その意味では母親たちが子どもの意に反するかもしれない可能性に触れ
たときには，母親自身の気持ちに揺らぎをもたらしているのである。

4. 親が積極的に知的障害者の自立に取り組む意義
——親の両義性を踏まえた自立を見据えて

　母親たちが比較的積極的に，知的障害のある子どもの自立とケアの担い手
の移行に向けて自ら取り組んでいく背景には，長年指摘されてきた「親亡き
後」の不安と類似する切実さがある。しかしそれだけではなく，知的障害者
の生活に関わる環境的課題を変革していこうとする側面や，知的障害者の思
いに影響を受けることで母親の積極性が引き出されていく場合もある。一方
で母親たちが自立を主導していくことが，何らかのかたちで母親にとっての
自立への不安や疑問にもつながっている場合もある。X 法人の母親たちの取

＊3　この点については，知的障害者の親の手記を分析した（鍛治 2015）で述べている。

り組みは，ためらいを抱きながら実践されてきた一面があるのである。

　知的障害者の自立とケアの担い手の移行の実現には多様な要因が絡み合っている。知的障害者の地域生活を支援していくためのケアの多元的社会化を目指すうえでは，親側における積極性と消極性という両義的な思いを理解することが必要である。その際にはある時点だけを，また意識面だけを見るのではなく，知的障害者や親を取り巻く環境を含めた過程として理解することが求められる。また親が両義的な思いを抱きつつ，家族内外に積極的に働きかけることでケアの多元的社会化が実現されていく側面に目を向けることも重要である。これらをもとに知的障害者と親が「離れきらない」視点を取り入れることで，知的障害者の親からの自立や「脱家族」のあり方を多様に論じうる視座を見出すことができる。

第3節　知的障害者が意識する自立と「脱家族」

　それでは，実際に X 法人が運営する GH で生活する知的障害者はどのような思いで GH に入居し，生活を営んでいるのであろうか。本節では X 法人が運営する GH の入居者へのインタビュー調査結果を基に明らかにしていく。

1. 調査概要および分析の視点

　X 法人が運営する 2 カ所の GH に入居している 7 名に対して，2014 年 3 月に半構造化インタビューを実施した。調査の実施にあたっては，事前に立教大学コミュニティ福祉学部・研究科倫理委員会の承認を得た。また調査協力者にはインタビュー前に直接，調査趣旨，結果の公表，プライバシー保護等について口頭と文書で説明を行い，調査協力への同意を得た。説明にあたっては，ふりがな表記やできるだけ平易な表現を用いるなどの工夫をした。また調査実施前に団体の活動を通じて調査協力者と関わる機会を持ち，調査時の緊張を少しでも和らげるよう工夫した。

　インタビュー時間は一人あたり 1 時間〜2 時間で，同意を得た 6 名については内容を IC レコーダーに録音した。調査協力者の知的障害者（GH 入居

表 4-4　調査協力者の属性（X 法人が運営する GH に入居する知的障害者）

氏名	性別	年齢	家族構成	障害程度	就労状況	実家までの距離
a 氏	男性	20 代	母（A 氏）	中度	一般就労	バス 10 分
b 氏	男性	30 代	母（B 氏），妹 2 人	中度	一般就労	バス 10 分
c 氏	男性	20 代	母（C 氏），兄	軽度	一般就労	電車 50 分
d 氏	女性	40 代	母（D 氏）	軽度	一般就労	バス 30 分
e 氏	男性	20 代	母（E 氏），祖父母	中度	一般就労から無職	電車 60 分
h 氏	男性	20 代	母，父，弟 2 人	不明	就労移行支援を利用	電車 15 分
i 氏	男性	20 代	母，父，弟 2 人	不明	一般就労	電車 30 分

※ 2014 年調査時点

者）7 名についての詳細は，表 4-4 に示している。

　なお本節でいう「入居者」とは，GH に入居する知的障害者のことである。先述の「本人」との関連でいえば，「本人」は「知的障害のある人（母親の立場から見れば知的障害のある子ども）」の意味であり，そのなかでも GH に入居している人の場合には「入居者」の言葉も用いて述べていく。

　入居者全員が同じ全寮制の特別支援学校出身者であり，学校時代からの顔見知りの関係である人々もいて，X 法人の設立経緯の特徴が反映されている。比較的若い年齢の人が多いなか，家族構成の特徴として，父親と死別あるいは離別している人が少なくない。これは，a 氏〜e 氏の 5 名が，第 2 節で取り上げた母親 A 氏〜E 氏と母子関係にあることと関わっている。また調査時点では最初の GH が設立されて 1 年少しが経過した頃であり，入居年数はみな短く，ほぼ全員が週末は実家に帰省している状況であった。

　分析にあたっては佐藤（2008）の『質的データ分析法』を参考に，まずインタビューデータをセグメント化して要約し，そこから焦点的コードを抽出し，それをもとに概念カテゴリーを生成した。分析の視点として，母親たち主体の実践において，知的障害者自身の自立への積極性・消極性はどのように現れ，また親との関係をどのように考えているのかについて，GH 入居前と入居後という時系列に着目して考察した。調査結果の分析に基づき抽出された

概念カテゴリーは【　】で表し，各概念カテゴリーを構成する焦点的コードは〈　〉で表している。セグメントの要約内の（　）は筆者による補足である。

2. 知的障害者が意識する自立

　7名のGH入居者の語りから，GH入居前の意識として【GHへの認識】【母親からの意識づけ】【現在の生活の捉えなおし】【生活形態の変化への不安】の4つのカテゴリーが抽出された（表4-5参照）。またGH入居後から現在（注：調査時点）に至るまでの意識として，【実家での生活との違いの認識】【GHでの生活への評価】【今後の生活への意識】の3つのカテゴリーが抽出された（表4-6参照）。

　これらのカテゴリーおよび焦点的コードについて，GH入居前と入居後のそれぞれでの知的障害者の自立への積極的側面と消極的側面として整理したものが，図4-2である。

　知的障害者本人の意識にも，親元を離れて自立することに対して積極的な面と消極的な面の両方が混在している。しかし消極的な面がありながらもGH入居を選択し，また入居後もそれらを乗り越えながら自立していこうともしている。母親たちと同様に，知的障害者も直線的に自立に向かうのではなく，ためらいや迷いを抱きながら経験を重ねていく姿がある。さらに親元からの自立が母親との関係を捉えなおす契機になりつつ，母親との関わりを求めるような気持ちを含めて，何らかのかたちで母親に向かう想いが表れている。ここに，自立とは必ずしも親を排して実現されるものではなく，自立を含めた知的障害者の生活支援において親をどのように位置づけうるかの問いがあらためて浮上してくる。

　それでは，これらの知的障害者の思いの詳細を見ていこう。

3. GH入居前の意識——母親との関わりの積み重ねからの GH入居

　知的障害者が実際に親元を離れてGHへの入居を選択するにあたり，本人はそのことをどのように捉えており，また何をきっかけとしてGHに入居す

表 4-5　GH 入居前の知的障害者の自立意識

【カテゴリー】	〈コード〉	データ　※（　）内は筆者による補足
GH への認識	知的障害当事者同士からの情報	会社の人たちが GH から通っている人がいる／いろいろ話は聞いていたから
	メディアからの情報	本とかで研究はしたり／テレビとか見て／テレビの紹介や新聞とかラジオで／いろんな GH がある
	GH への認識なし	知らなかった（2 名）
母親からの意識づけ	将来の分離に対する母親からの話	（母と）話をしたことがある／（母と）GH 入ってもいいねって話はしていた。GH ができる前から／ある程度，30 歳くらいになってから，入ってもいいよって話はしていた／そういうの（注：いつか GH に入ることの話）はあった
	母親からの入居の声かけ	（母から）ここで生活するのよって言われて／（母と話をした時は）やってやろうじゃないかと思った／（母たちが）GH 作りたいっていう話をしてて／（母たちの話から）入った感じ／（母から）「a さんのお母さんに（入居を）誘われている」ってのは聞いた／母から（GH 入居を）誘われた／a さんの母からも話を聞いた／親から話を聞き「入らない？」と聞かれた
現在の生活の捉えなおし	今後の母親との関係の捉えなおし	母ももう，なかなか，母の実家が気になるから／（母も）なかなか心配だろうし／（母の）実家のお父さんお母さんが年だから／お母さんも少しは楽にしてやれればいいし／（就職と GH 入居が決まる際に）いつか親もいなくなるから，少しでもやっぱり自立しようかなとは思った／先に父がもう亡くなっているから，一人暮らしに慣れておいた方が良いのかなっていうのも（あった）
	母親との過去の分離経験	3 年間学校で，ほぼ母がいなかったから，別に大丈夫だった／高校時代に寮に入ってたから，抵抗はなかった
	自分の生活を変える試み	もう 1 個の部屋がほしかったから／家にある部屋とは別に／真面目にコツコツ働いて，立派な大人に成長して，仕事がちゃんとできる理想の社会人になるために
生活形態の変化への不安	母親との同居継続への意識	家を離れたいと思ったことはない／（親元を離れることを）あんまり思ってなかった／それまでは全然，独身とか全く苦手だったから
	自立後の生活維持への不安	ちゃんとやっていけるかどうか不安はあった／やっぱり不安はあった／自分でやっていけるのかなーと思った

表4-6　GH 入居後の知的障害者の自立意識

【カテゴリー】	〈コード〉	データ　※（　）内は筆者による補足
実家での生活との違いの認識	GH 内での家事役割の分担	（GH の）掃除の当番も一緒に決めた／分担は「みんなの会」（注：入居者の会）で決めた／ふだん実家じゃやらないことをこっち（GH）でやるようになったから，そこはだいぶ変わった／洗濯とか，風呂やトイレ掃除／家では掃除しないけど，ここ（GH）では掃除する
	母親への甘えの自覚	実家帰るとのんびりしちゃう感じで，こっち（GH）だとやることはやってる感じ／（実家では）自分の部屋の掃除だけで，あとはやらない／（実家では）全部甘えている／ここ（GH）だと自分で積極的にやっている／（GH では）やらなきゃなーと思う／（GH では掃除などを）しなかったら怒られるかなーと
GH での生活への評価	母親との物理的距離への肯定的意識	（実家から）GH がもっと離れたところにあっても大丈夫／一人で生活できる。母にもそういうふうに言う／母が遠くに行きたいと思えば，別に離れててもいいし／自分はもう GH でずっと暮らしてもいいし／（実家は）遠くて大丈夫／（親に近くに住んでもらいたいとは）そんなに思わない／もっと遠くに住むことになっても，たぶん大丈夫／（実家の場所は）そのままが良い。自分が慣れた街だから
	母親との再同居への意識	1 回実家に帰るとやっぱり，（母と暮らしたく）なる／（実家に戻りたいと）思うことはある／寂しいからだと／時間の問題かなと思う
今後の生活への意識	一人暮らしへの希望	1 回は一人暮らしをしてみたい／（一人暮らしを）してみたいけど，家賃とかあとは電気代とかガス代とか，光熱費とかそういう計算をしないと
	母親への気遣い	母は楽にさせてあげたい／親孝行でもしていこうかなとは／（母が年を取った時のことは）わからない。（自分に）なんかできることがあれば／（母の）面倒見るとかそういう仕事ができたらいいな

るに至ったのだろうか。

　前提として知的障害者自身の【GH への認識】は，〈知的障害当事者同士からの情報〉や〈メディアからの情報〉などのように，GH に対して一定のイメージを抱いている場合がある一方で，〈GH への認識なし〉という場合もあった。このことから，GH 入居前は，全体的に知的障害者自身の GH への認識は曖昧であったことがわかる。

　しかしまた【母親からの意識づけ】として，入居者たちは母親と一緒に暮

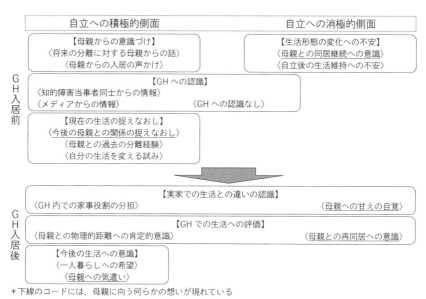

* 下線のコードには，母親に向う何らかの想いが現れている

図 4-2　GH 入居からみる知的障害者の自立への意識

らしていたときから〈将来の分離に対する母親からの話〉を聞き，いずれは
親と離れて生活することになることを母親から伝えられていた。またさらに
具体的な働きかけとして〈母親からの入居の声かけ〉の経験を，多くの入居
者が持っていた。

　こうした展開と合わせて，知的障害者自身も【現在の生活の捉えなおし】
を行っていた。母親や他の家族と同居中から〈今後の母親との関係の捉えな
おし〉として，母親の負担や家族状況の変化が意識されていた。ここには親
とともに暮らしてきたなかで生じた変化，そしてそれを踏まえて今後，自分
自身がどのように母親と関わって生活していくかを模索する知的障害者の姿
がある。また全寮制の特別支援学校高等部で 3 年間過ごした〈母親との過去
の分離経験〉も，知的障害者の GH 入居の選択につながっている。さらによ
り積極的に，自分の新しい部屋を求めたり，自分が思う大人・社会人に近づ
くための〈自分の生活を変える試み〉として，親元を離れることを考えてい
る一面もある。

　一方で，【生活形態の変化への不安】という消極的な面も見られる。まず，より緩やかなものとして〈母親との同居継続への意識〉がある。これは，母親と同居を続けていきたいという積極的な意向というよりは，母親と離れて暮らすことが具体的な選択肢として知的障害者自身にあまりイメージされていないことが考えられる。さらに〈自立後の生活維持への不安〉を感じ，GH入居に対してためらいを抱いていた。

　X法人において母親たちが主体となって立ち上げたGHへの入居に関して，入居者である知的障害者自身は，母親のもとを離れて生活することに必ずしも明確なイメージが確立されていたわけではない。しかし母親から，親と離れることへの話はされてきた経験があり，実際に母親たちがGHを設立したことで親と離れて暮らす現実的な場ができた。そして母親たちからの声かけを受けることが，知的障害者のGH入居につながっていた。またそのプロセスにおいて，自分自身も過去に母親と分離した経験を振り返ったり，ライフステージや家族関係の変化に伴って母親との今後の関係を捉えなおしたりしながら，自立後の生活への不安を抱きつつもGH入居に至っていた。

　知的障害者と母親との日頃の関係のあり方が，そしてそのことを知的障害者自身がどう捉えているかが，GH入居の大きな要因になっていることがわかる。

4．GH入居後の意識──親元を離れたことでの変化

　親元を離れてGHに入居することは，親との同居の解消という居住面での分離だけでなく，ケアの担い手の移行を伴うものでもある。X法人のGHで暮らす知的障害者は，GHでの家事の分担や週末の実家への帰省などによって新たな生活スタイルを獲得している。そこには時には母親に頼りたいような気持ちもあるが，親に頼らずともGHで生活していけているという実感が見られる。また一人暮らしなど新たな選択肢も視野に入りつつあるといった，親元を離れたことでの変化が生じている。

(1) GHでの生活と実家での生活──生活力をつけていく自分と 母親に甘える自分

　GH入居者は【実家での生活との違いの認識】をもっていた。具体的には，1つは〈GH内での家事役割の分担〉があり，母親と同居していた際には行っていなかった家事を，GHでは自ら行うようになったという変化が生じている。もう1つは〈母親への甘えの自覚〉に表れている。これは掃除や洗濯等の家事がGH限定のものとなり，実家に帰省したときにはやらなくなっていることであり，そしてそれを自分でも自覚して親への甘えであると捉えている。この実家とGHでの違いは，なぜ生じるのだろうか。

　GHは障害者総合支援法に規定される障害福祉サービスの1つであり，入居者たち（本書でいえば知的障害者たち）が共同生活を営み，また職員や世話人などと呼ばれる支援者が個々の入居者の状況に応じた支援を行っていく。それに関わり，障害福祉の実践において「自立支援」の理念に基づいたケアが行われる際に，障害者が自分自身でできることは自ら行うことを重視している。しかしこれは，何もかも自分自身でできる（あるいは，できるようになる）べきであるということではない。この点は自立生活運動が自立について主張したとおりである。

　ケアはすべてを代替する行為ではなく，日常生活上のニーズを満たすうえで必要に応じて提供されるものである。また，今現在では自ら行うことが難しいことについて，「できないこと」としてそのままにしておけばよいというものでもない。障害の有無に限らず，人は絶えず発達していく可能性があり，新たな力を引き出したり身につけたりしていく。そのための支援を受けることも1つの権利である。

　生活歴もさまざまに異なる知的障害者が共に暮らし，いわゆる「障害者福祉」の一環でもあるGHに対し，実家（本書でいえば母親との暮らし）はまさに家族という関係のもとに成り立っており，GHと親元での暮らしにはもともとの性質上の差異がある。【実家での生活との違いの認識】には，それぞれの生活空間の差異や自分自身に求められているものの差異を認識し，自身

の振る舞いを使い分けていることが見受けられる。また知的障害者自身が「母親に甘える自分」を自覚する契機として，GH という新たな場での生活を獲得したことが大きな要素となっている。それにより親元での生活を客観的に捉え，自分なりに自立を意識するように変化してきている。

(2) 居住の場の分離の捉え方

　【GH での生活への評価】にも，自立に向けた積極的側面と消極的側面がある。今回の調査の GH 入居者は全員，週末は実家に帰省し，GH に戻ってくるという生活スタイルをとっている。表 4-4 に示したとおり，GH と実家が比較的近い位置にある入居者もいる。そのなかで〈母親との物理的距離への肯定的意識〉として，居住の場の分離により母親と物理的な距離が生じたことを肯定的に捉え，その距離の近さも特段重視はしていないことがわかった。また，これまでの住み慣れた地元から自分自身は離れるが，実家がそこにあることで地元とのつながりを感じているケースもあった。

　しかしこうした肯定的評価とは別に，GH で生活しながらも〈母親との再同居への意識〉が見られる。母親と離れたことへの寂しさや，やはり一緒に暮らしたいという思いが同時に表れているのである。先述の〈母親への甘えの自覚〉があることを踏まえれば，GH 入居により生活スタイルの変化が必然的に生じてきたことで，母親との間にこれまで形成してきた親密な関係が変化することへの不安が表れているといえる。これはインタビュー調査の時点で GH 入居から長くても約 1 年後という，母親のもとを離れてからの時間的経過が短めであることも影響しているだろう。

　一方で週末の帰省によって，GH での生活と，実家での生活や母親との関係とのバランスをとっていることも考えられる。母親と離れたことの寂しさや一緒に暮らしたいという思いが明確に読み取れるわけではないが，土日に実家に帰れる機会がある，つまり母親とのつながりや直接的な関わりが確保されていることで，現在の GH の生活を肯定的に捉えることを可能にしている側面もあるだろう。

（3）新たな生活への意欲

そして【今後の生活への意識】として〈一人暮らしへの希望〉があった。GH にはいわゆる「終の棲家」としての期待が高いが，親元を離れた生活を経験しながら日常生活力を養って一人暮らし等につなげていく中間的役割を担ってきた一面がある。今回のインタビューで見られた GH 入居者の〈一人暮らしへの希望〉も，母親と居住の場を分離して，家族外の人々から支援を受けながら生活を営むことが現実になったことで，自身の今後の生活の選択肢をより具体的にイメージしやすくなっているといえる。

5．親を「想う」からこその自立と親を支える思い

さらに重要な点は，【今後の生活への意識】に親孝行の意識などの〈母親への気遣い〉が見られたことである。これは GH 入居者が母親を気遣い，場合によっては自分のできる範囲で母親のことを支えていきたいという思いで，先の〈母親への甘えの自覚〉とは異なるものである。

知的障害者の親からの自立の実現においては，第 1 章で述べたように知的障害者だけに焦点を当てるのではなく，親のほうも「子離れ」して自立していくことが必要である。実際に GH 入居などで居住の場の分離やケアの担い手の移行を経験した親たちが，自身の役割や子どもとの関係についての意識を変容させている（田中智子 2013；内田 2014 など）。これらは同居やケアを通じて親から知的障害者に向かっていた思いのベクトルを弱める，あるいは距離をとっていこうとする試みだといえる。知的障害者のほうもこれまで「親離れ」がたびたび主題化されてきたように，親以外の人々との関わりを増やしたり生活経験を広げることで，親との過度な一体化とならないよう，こちらも親に向かっていた思いのベクトルを弱めたり距離をとったりしていくことが指摘されてきた。

しかし今回の調査では，いわゆる親亡き後への不安や，親との一体化とはやや様相が異なるような知的障害者の思いが見られた。もう一度 GH 入居前の意識を見ると，〈今後の母親との関係の捉えなおし〉のなかには「母を楽に

したい」という「想い」もあり，自立への積極的意識につながっていた。これは親（からのケア）から離れて自分の主体性を発揮したいという強い主張でも，親の高齢化や親亡き後への不安などによる，ある意味での "仕方なし" の自立でもない，いわば親のことを「想う」からこその自立であるといえる。ここに，親のことを大切に思い，親に向かう気持ちが自立への動機づけとなることが見出せる。なお今回の調査で，自分の存在が親の負担であるとの自己否定的な意識は見られなかった。

　さらに GH 入居後に〈母親への気遣い〉というかたちで，あらためて親に向かっていく「想い」が生じていることは，知的障害者の自立や，そこにおける「脱家族」を考えるうえで重要な示唆である。「家族を大切にしたい，家族に関わっていきたい」という「想い」は，障害の有無にかかわらず抱くものだろう。しかし，知的障害者を含め，障害者のこうした「想い」はこれまであまり表だって取り上げられてきていない。結婚や子育てなど，障害者が生殖家族を形成する際には比較的目が向けられるが，親との関係においてはやはり「自立」に関わりながら「依存」や「甘え」に焦点が当てられることが多い。

　この GH 入居者の〈母親への気遣い〉は，入居者自身が実際に母親に頼らずとも GH で生活できるようになったことの影響があると考えられる。実際，田中智子（2013）においても，GH に入居した知的障害者が実家に帰省した際に，それまでの親元での生活では見られなかった様子を示すといった変化が見出されている。筆者の調査でも GH に入居する知的障害者が GH という新たな生活の場で，これまでとは異なる役割分担や，入居者同士あるいは世話人との関係を形成することで，自己認識や実際の生活スタイルを変化させていた。GH への入居とその後の生活が，知的障害者にとって母親との関係を捉えなおす契機になっていることがわかる。また第 2 節で母親たちが配偶者との死別・離別の経験から，自分の生活が安定しているうちに子どもの自立基盤を作りたいとの思いにもつながっていたように，数名の入居者は父親と死別または離別を経験し，自分が GH に入居したことで母親が単身生活になっていることが〈母親への気遣い〉に影響している可能性もある。

　これまでの知的障害者の自立や「親離れ・子離れ」の議論では，家族ケアのあり方として，知的障害者がケアのニーズをもち，親がそれに応えてケアを行うという関係が中心であった。しかし第1章で見たようにケアは配慮や気遣いなどの情緒的な面を有するものであるならば，〈母親への気遣い〉として現れている知的障害者の母親への「想い」は，知的障害者がむしろケアの担い手となる可能性を示唆している。もちろん実際に知的障害者が親へのケアの担い手になるかどうかはまた別の話であるし，親をケアしなければいけないわけでもない。高齢の親を障害のある子どもが支える老障介護の課題も多い。ここで注目するのは，自立したからこそ親へ向かう力も生じうる可能性があり，自立としての「脱家族」を捉えるうえでは，そうした知的障害者の「想い」や力に目を向けることも重要ではないかということである。そうすることで，ケアの多元的社会化における多様な主体の協働と，それを踏まえた多様な「脱家族」のあり方の可能性を示すことができると考える。

第4節　母親と知的障害者の相互作用過程にみる自立意識の醸成

　本節では，母親5名とGH入居者5名が実際の母子関係にあることに注目し，第2節および第3節と同じインタビューデータを用いて1組ずつ取り上げ，自立に向けた母親と知的障害者の相互作用をあらためて分析した。またその際に，同居中，GHの設立とそこへの入居の決定・選択，GH入居後という3つの段階を設定した。この3段階のそれぞれにおいて，知的障害者の自立に関わる意識や母親とのやり取りなどと，母親から知的障害のある子どもへの働きかけや関連する状況を整理することで，自立に向けたプロセスを明らかにしている。

　相互作用に着目する理由は，母親たちから知的障害者への自立に向けた働きかけや，逆に知的障害者から母親に向かう想いなどが見出され，これらが影響し合ってGH入居というかたちでの自立につながっていたことにある。そこで，自立をためらう気持ちもありながらも，自立に向かっていく意識は

どのように生まれ，また引き出されていくのかを，母親と知的障害者の相互作用の視点からみることで，自立プロセスや「脱家族」のあり方についてさらに深めていく。

1．5組の母子の概要

ここで取り上げる5組の母子関係の概要は表4-7のとおりである。なお，母親のA氏〜E氏は第2節のA氏〜E氏と，本人のa氏〜e氏は第3節のa氏〜e氏と同一人物である。

すでに述べているように，5組の母子すべてが，母親の配偶者との死別あるいは離別により，「父親不在」の状況にあった。また本人のなかには20代でGHに入居した人や，母親のなかには50代の人もいるなど，全体的に若い年齢の人が多い。また母親A氏と母親B氏はGHの世話人も引き受けており，母親の立場と世話人の立場の2つの立場を有している。

いずれの事例も，知的障害のある本人自身が前向きに自立を意識しているだけでなく，母親からの直接的な働きかけと，さらに母親や家族全体を取り巻く環境がGH入居の背景にある。しかしあらためて1組ずつの母子関係に

表 4-7　X法人に関わる母親とGH入居者の母子関係

	母親			知的障害のある子ども（本人・GH入居者）					
	氏名	年齢	X法人への関わり方	氏名	続柄	年齢	障害程度	就労状況	母親以外の家族
①	A氏	60代	設立者・理事・GH世話人	a氏	長男	20代	中度	一般就労	なし
②	B氏	50代	理事・GH世話人	b氏	長男	30代	中度	一般就労	妹2人
③	C氏	60代	イベント等のスタッフ参加	c氏	次男	20代	軽度	一般就労	兄
④	D氏	60代	法人の運営委員	d氏	長女	40代	軽度	一般就労	なし
⑤	E氏	50代	イベント等のスタッフ参加	e氏	長男	20代	中度	一般就労から無職	祖父母

※母親は2013年調査時点，GH入居者は2014年調査時点

着目すると，それぞれの自立に至るプロセスに相違が見られる。なお本文中
の傍点は，インタビューデータからの抜粋（カッコ（　）内は筆者による補
足）である。

(1) 知的障害のある子どもの前向きな自立意識と母親からの積極的な働きかけのなかでの葛藤——本人 a 氏と母親 A 氏

　本人 a 氏と母親 A 氏の親子は，GH 入居前は 2 人暮らしをしてきた。法人
設立者でもある母親 A 氏が法人の運営とともに，自身の子どもである a 氏に
も意識的に自立に向けた働きかけを行ってきたなかで，a 氏が GH 入居に至っ
ている。また GH 設立直後はスタッフ確保が十分ではなく，GH 設立から 1 年
が経過していた調査時点において，母親 A 氏が GH の世話人も兼ねて入居者
の食事作りや宿直等を行っていた。

　本人 a 氏と母親 A 氏は，両者とも基本的には親元からの自立としての GH
入居に積極的な意識を抱いてきた。母親 A 氏は既存の親の会に参加しながら
情報収集やネットワークづくりを行うとともに，将来的なことを考えて全寮
制の学校を選択したり，本人 a 氏に将来の話をしてきたりした。X 法人を立ち
上げて運営に中心的に関わっていくことで，余暇活動から始まって X 法人の
事業展開を担い，間接的にも本人 a 氏の生活の充実を図ってきた。母親 A 氏
からの働きかけが本人 a 氏にどのように影響していたのかというと，本人 a 氏
は母親との同居中において，家を離れたいと「思ったことはない」という同
居の継続意識と，母親からの将来的な分離についての話に対して「やってやろ
うと思った」という自立意識の双方を抱き，またその気持ちが揺れ動いている
様子が見られた。この点は母親 A 氏も，実際に親元を離れることが本人 a 氏
にとってどこまで具体的なイメージとなっていたかには疑問を抱いていた。

　母親 A 氏も，本人 a 氏が学校を卒業して一般就労につながり，一定の所得
と居場所を得たこともあって 2 人暮らしに特に不自由を感じていなかった
が，それでも将来的な不安もあって GH 設立に取り組むことになる。母から
GH 入居の声かけを受けた本人 a 氏はそのときの心情について，特に入居へ
の不安はなかったという。また母親 A 氏も，本人 a 氏が GH 入居に対して抵

抗がなかったと実感している。本人 a 氏が GH 入居を決定・選択した一因には，他の入居者が顔見知りであり，特別支援学校の親の会を通じたネットワークという X 法人の特徴も大きく影響していた。本人 a 氏にとって GH 入居は，最終的に「自分で決めた」ことである。しかしそこに至るまでのプロセスで母親 A 氏からの直接的な働きかけや X 法人の運営・事業展開による影響もうかがえ，母親 A 氏によって自立意識が引き出されてきた面があるといえる。

　実際に GH に入居して共用部分の掃除などの分担や入居者同士の話し合いを経験しながら，本人 a 氏は自分の成長を実感し，さらに一人暮らしへの前向きな意識を抱いていた。これは本人 a 氏の強い自立意識と捉えられ，母親から分離した生活を営むことで自立意識が高められているといえる。一方で週末の帰省の継続や，外出や旅行は母親と一緒に行って慣れてからなど，母親からのサポートを前提として自身の今後をイメージしている面が見られた。こうした本人 a 氏の思いからは，GH 入居後も，母親との親密さを求める意識と母親からの自立意識の両方が内在していることがわかる。

　母親 A 氏のほうも，自らが主導しながら本人 a 氏の自立を進めてそれが実現したなかでも，「障害があるから，早く親から離れて自立した生活を選ばないといけないっていうのも，ちょっと変」との思いを抱いている。それは母親 A 氏が GH の世話人を引き受けている理由の 1 つでもあり，世話人がいないという背に腹は代えられない現状はありつつ，「もう少し手を掛けてやりたい」という母親 A 氏自身の思いがある。同時に本人 a 氏との関係が従来の"母親と子ども"だけでなく"世話人と入居者"に変容したことで，本人 a 氏の新たな一面や自立意識に触れて本人 a 氏への見方を変容させるとともに，自分自身の自立について思いを広げていく様子があった。それは「これからの人生をどう彼と一緒に過ごすか」という母親 A 氏自身の問いにもつながり，「お互いに依存する関係にならないようにしないといけない」ことを目指すものである。

　母親 A 氏と本人 a 氏の「親からの自立」プロセスは，その過程において積極的な自立意識と，その背後にある葛藤を含みながら両者が相互作用するなかで，互いの自立意識が引き出されてきたといえる。

(2) 知的障害のある子どもの母親への「想い」からの自立意識と母親からの働きかけ——本人 b 氏と母親 B 氏

　本人 b 氏と母親 B 氏の親子は，GH 入居前は 2 人暮らしであった。法人理事（調査時点）である母親 B 氏が法人の運営とともに，自身の子どもである b 氏にも意識的に自立に向けた関わりを行ってきたなかで，b 氏が GH 入居に至っている。また GH 設立直後はスタッフ確保が十分ではなく，GH 設立から 1 年が経過していた調査時点において，母親 B 氏が GH の世話人も兼ねて入居者の食事作りや宿直等を行っていた。

　母親 B 氏は学校卒業後の本人 b 氏の余暇の過ごし方や将来のことを考え，母親 A 氏が X 法人を立ち上げることを知って参加するようになり，本人 b 氏にも X 法人の余暇事業などへの参加を促すなど，最初は母親 B 氏の主導であったことがうかがえる。

　X 法人の活動に関わりながら，母親 B 氏は「35 歳くらいを目標」に本人 b 氏の自立を考えていくようになった。また本人 b 氏も日ごろの母親との話などから，母親たちの GH 設立プロジェクトを認識していた。また本人 b 氏は職場の障害のある同僚から GH での生活についての話を聞いており，全寮制の特別支援学校での経験とともに，GH に関する一定の知識・イメージを抱いていた。

　そしてこうした動きと並行しながら，本人 b 氏は自発的に GH 入居の意向を母親 B 氏に示したことがある。本人 b 氏は，GH 入居を決めた理由をどのように認識しているかというと，親元を離れることへの不安やためらいはなかったとし，むしろ母親を気遣う「想い」があった。ここに，知的障害者の自立意識の醸成として，「母親を『想う』からこその自立」という場合も存在することが見いだせる。一方，自立に向けて積極的に取り組んできた母親 B 氏であるが，まだ自分が本人の面倒を見ようと思っていた気持ちもあったなど，実際に GH が設立されていく過程で，自身は明確に本人 b 氏の入居を考えていたわけでもなかった。そして GH 設立が母親 B 氏と配偶者との離別の話が出ていた時期でもあったことから，家族関係の変化の影響と，本人 b 氏

の新たな一面を感じていた。これらのプロセスには，本人 b 氏に母親を気遣うことでの積極的な自立意識が醸成されて，それが母親 B 氏に伝えられることで，母親 B 氏の意識の変容が促されているという相互作用が見られる。

　本人 b 氏が GH に入居後，母親 B 氏は実家で "母親と子ども" として関わるときと，GH で "世話人と入居者" の立場で関わるときとでは，本人 b 氏への関わり方が異なり，実家では本人 b 氏のことを甘やかしてしまう自分を自覚していた。また「子どもがいない生活に慣れなければ」と母親 B 氏自身の自立を意識していた。一方，本人 b 氏のほうは，GH 入居の理由の 1 つであった母親への気遣いは GH 入居後も継続していた。GH 世話人を務める母親 B 氏の「大変そう」な姿を見ながら「他に代わってくれる人がいれば，それがいいかな」と，母親 B 氏に楽になってほしいと感じている。

　GH 入居を経験しながらお互いに距離を取ることを前向きに捉えている母親 B 氏と本人 b 氏であるが，それは完全に離れようとする意識でもない。本人 b 氏は今後の暮らしとして一人暮らしを目標にすることに加え，いつ頃かはわからないが母親 B 氏やきょうだいと，いずれはあらためて一緒に生活する気持ちもあった。また母親 B 氏も，「個々の生活が確立していても，最終的にはやっぱり家族だと」いう思いがあり，「親だから遠目に見守る」ように，家族としての本人 b 氏との関係に特別な面を見出していた。さらに母親 B 氏は GH や X 法人全体としての，親へのサポートについても言及しており，そのなかで「子どもが親を気にかけてくれることもあると思う」と考えていた。

　本人 b 氏は母親 B 氏の生活が楽になると良いと，実際に母親 B 氏にも伝えていたという。母親 B 氏のほうも，具体的な内容には言及されていないが「子どもたちができることとかもあると思う」との思いがある。この母親 B 氏の思いには，本人 b 氏の母親への気遣いを受け止め，X 法人という支援団体の基盤のもと，「ケアのニーズをもつ知的障害者」と「ケアを担う親」とは異なる親子関係の形成に向けた示唆がある。また母子ともに自立を意識しつつ，家族としての関係を大切にしながらの今後のお互いの関わり方を模索する様子があり，「脱家族」とは関係を切り離すことではないことが，あらためて見出せる。

(3) 予期していなかった GH 入居からの母子関係の再考のなかでの知的障害のある子どもの自立意識の醸成——本人 c 氏と母親 C 氏

本人 c 氏と母親 C 氏の親子は，GH 入居前は 2 人暮らしをしていた。母親 C 氏からの働きかけにより自立に向けた素地がつくられつつあるなかで，本人 c 氏の就労面での変化をきっかけに，想定外の出来事としての要素もありながら GH 入居に至っている。母親 C 氏の居住地域（本人 c 氏にとっては実家であり地元）は，GH 所在地から電車で 1 時間ほど離れている。

もともと，特別支援学校の親の会で母親 C 氏が X 法人のことを知り，母親 C 氏のほうから本人 c 氏に参加を勧めるという，母親主導で本人 c 氏と X 法人との関わりが形成されてきた。また母親 C 氏は本人 c 氏と同居中，家事を分担するよう働きかけていた。しかし親元を離れて暮らすことに対しては，母親 C 氏は本人 c 氏自身には「たぶんイメージはなかった」と捉えている。実際本人 c 氏も，もともと GH についてよく知らず，いつか親がいなくなるということに対しての意識も「あまりなかった」と振り返っている。

そうしたなかで本人 c 氏が GH に入居することになったきっかけは，就労面の変化が大きい。本人 c 氏と母親 C 氏によると GH 入居の経緯は，本人 c 氏の就職が決まり GH 所在地域に引っ越すことになった。そのため本人 c 氏も母親 C 氏もそれまであまり想定していなかった GH 入居が，あれよあれよという間に決まっていったという，予期していなかった出来事であった。こうした経緯を母親 C 氏は「逆に悩まなくて良かったかもしれない」と肯定的に捉えている。逆に本人 c 氏は，やはり親元を離れることへの不安もあったという。しかし GH 入居が実際に決まってからは，それまであまり考えていなかった親と離れた生活を意識するようにもなり，GH 入居が本人 c 氏の自立意識の醸成につながっていることが見出せる。その背景には，同居中からの家事の分担などの母親 C 氏からの働きかけがあり，母親主導で X 法人に関わってきたことが今回の GH 入居につながっているともいえる。

GH 入居後は，母親 C 氏は本人 c 氏の変化を感じながら，特に最初のうちは電話等で本人 c 氏との会話が同居中よりも増えた気がするなど，親子の関

わり方の変化を感じていた。また同居中よりも本人 c 氏の生活の様子がわからなくなったことで，本人や GH の世話人から情報を得たり，月 1 回の GH 保護者会にできるだけ参加を心がけるなど，新たなかたちで対応していた。

　本人 c 氏のほうは家事の分担など自分自身の変化を実感しつつ，実家では母親に甘えている面を自覚している。土日は実家に帰省している本人 c 氏は，親元に戻って生活したいと思うことがあるという。しかし「仕事があるから」，「ちゃんと割り切って」いくようにもしており，母親との再同居に一定の思いを抱きつつも，自立を意識して割り切っていこうとする姿が見出せる。さらに母親 C 氏が高齢になったときのことについて，具体的にはなかなか考えられていないが，母親 C 氏に「結構お世話になっているので，親孝行でもしていこうかな」との想いがある。GH 入居を通じて本人 c 氏も母親との関係を捉えなおしはじめており，本人 c 氏が自立意識を醸成していくなかで母親を気遣う想いも現れてきていると考えられる。

（4）家族構成の変化による知的障害のある子どもの積極的な自立意識と母親からの働きかけ──本人 d 氏と母親 D 氏

　本人 d 氏と母親 D 氏の親子は，法人の運営委員である母親 D 氏が GH 立ち上げに関わりながら，家族構成の変化によって本人 d 氏も自身の今後や家族の生活に関して意識しはじめるなかで，GH 入居に至っている。

　本人 d 氏が X 法人の活動に関わるようになったきっかけは，母親 D 氏が X 法人と関わりをもつようになったことによる。母親 D 氏が X 法人に関わるようになったのは，特別支援学校の親の会で X 法人のことを知り，高校の親の会が親中心なのに対して，X 法人は知的障害のある子どもが参加する活動を行っているということで，本人 d 氏をそこに参加させようと思ったことがある。また本人 d 氏は洗濯や掃除などの家事を担いながら親元で生活していた。

　本人 d 氏と母親 D 氏が GH 入居を強く意識するようになったのには，父親（母親 D 氏にとっては夫）との死別経験がある。母親 D 氏は X 法人の GH 設立チームに参加していたが，その取り組み過程で配偶者との死別を経験した。母親 D 氏は配偶者が亡くなる前後から，本人 d 氏の今後の生活の場の確

立を強く意識するようになっている。本人ｄ氏のほうは当初はGHへの認識もなく，親元を離れることの意識もあまりなかったという。しかし母親Ｄ氏からGH入居の話をされたときには驚きつつも，「先にお父さんがもう亡くなっているから，一人暮らしに慣れておいたほうが良いのかなって」思い，家族構成の変化から自立を意識するようになったことがうかがえる。この時期の本人ｄ氏について母親Ｄ氏は，配偶者（本人ｄ氏の父親）が亡くなったときやその後の手続きの様子から，本人ｄ氏が今後一人になることを覚悟していると感じ取っている。

　また実際のGH入居の決定・選択にあたっては，母親Ｄ氏から，自分が元気なうちなら何回かそうしたことも経験できるという声かけもあり，本人ｄ氏の自立意識が，より引き出されていると考えられる。しかし本人ｄ氏にとって，やはりGH入居への不安もあった。

　GH入居後，本人ｄ氏も母親Ｄ氏も週末に実家に帰省する生活スタイルが良いと考えており，母親Ｄ氏は「（本人ｄ氏が）帰ってきたときの，親子関係も含めてゆっくりくつろげるようなものであれば良い」と考えている。このような，離れたことであらためて関わりをもとうとするような意識は，他の面でも表れている。GH入居後の親子関係について，本人ｄ氏も母親Ｄ氏も，変化はないと捉えている。実情としては，GH入居後も２人で外出や旅行に出かけているのだが，母親Ｄ氏のほうは「前よりも一緒に出かけようと心掛けて」いた。また母親Ｄ氏は，本人ｄ氏が以前は母親Ｄ氏の誘いにのってこなかったが，最近は一緒に来るようになったことを，「２人でのいろんなことをやっぱりやりたいのかな」と捉えていた。本人ｄ氏と母親Ｄ氏の関わりからは，離れたなかでどのように親子の親密さを保ち続けていくか，新たな親子関係の模索が行われていた。

　そしてそれは本人ｄ氏が，実際に居住の場を分離して母親Ｄ氏と物理的な距離が生じたなかで，もっと離れたところで暮らすようになっても「たぶん大丈夫」と肯定的に捉えていることとも関連しているだろう。物理的な距離が生じても親子の親密さが途切れていない実感があるからこそでもあると考えられ，自立とは親子が離れることだけではないことが示唆される。

　今後の親子関係について母親D氏は，本人d氏に頼ることは特に考えていない。本人d氏のほうは，具体的なイメージがあるわけではないが，母親D氏の今後に対して「なんかできることがあれば」関わっていく気持ちがある。このことに関しては，母親D氏の思いとして，本人d氏との今後の関係だけでなく，本人d氏の生活が「ずっと大丈夫だっていう安心感」を得られることが重要であり，そのためにもGHだけでなくX法人全体の基盤の安定を気にかけている。母親D氏のこの思いは，本人の親元からの分離やそれに伴う個別具体的なケアの担い手の移行だけでなく，そうした体制がその後も安定して成り立っていくための地域レベルの基盤，また制度レベルの基盤も視野に入れた，ケアの多元的社会化への志向であるだろう。

(5) 母親からの働きかけとGHへの順応を通じた知的障害のある子どもの自立意識——本人e氏と母親E氏

　本人e氏と母親E氏の親子は，母親E氏が切実な思いを抱きながら本人e氏へ自立に向けて働きかけながら，母親E氏のなかにも本人e氏と離れがたい思いもあるなかで，GH入居に至った。なお母親E氏にインタビューを行った2013年時点では，本人e氏は親元で生活していたが，本人e氏にインタビューを行った2014年時点ではGHで生活をしていた。そのためGH入居後の生活への母親E氏の思いは，将来的なGH入居を想定したうえでのものであることには留意が必要である。

　本人e氏は本人a氏と特別支援学校の同級生であり，そのため母親E氏と母親A氏も知り合いであった。本人e氏は，母親A氏から誘われ，母親E氏からも勧められたことでX法人の活動に参加するようになった。また母親E氏はX法人に関わることが自分にとっても知識やアドバイスをもらえるなどの意義を感じ，知り合いも多いこともあって「何かあったら何とかしてくれるだろう」といった信頼感につながっていた。

　本人e氏は特別支援学校時代には寮生活を通じて身の回りのことを自分で行っていたが，親元に戻ってきてからはやらなくなったという。母親E氏のほうも簡単な家事などを教え，またそうしなければとも思っているが，つい

自分でやってしまうこともあると自覚していた。また本人 e 氏は学校や職場や X 法人での友人と将来的な GH 入居の話をすることもあり，以前に一人暮らしをしたいと思ったこともあるが，その気持ちを特に周囲には伝えなかったという。その理由を「まだ家にいたかったからだと思う」とも捉えており，親元を離れたい気持ちと親元にいたい気持ちの両方が存在していた。

　一方で母親 E 氏は本人 e 氏に，いつかは親元を離れることなどについて話をしてきており，本人 e 氏も母親からそうした話があったことを認識していた。しかしこうしたやり取りについて本人 e 氏のほうは，「やっぱり一人で住みたい」と GH ではなく一人暮らしへの思いを抱いていた。しかし母親 E 氏は，いつか離れることは本人も理解しているが親元を離れて暮らすイメージはないだろうと捉えており，自立に対するイメージやお互いへの認識について，本人 e 氏と母親 E 氏の間にズレもうかがえる。

　また母親 E 氏は，全寮制特別支援学校に本人 e 氏が入学したことでの母と子の分離経験について，親も子も慣れることができた一方で，卒業後には母親 E 氏自身も「一緒にいられるという思い」があったと振り返る。本人 e 氏も母親 E 氏も，GH 入居までのプロセスにおいて常に自立を意識していたわけではなく，一緒にいたい気持ちを含みながら進んできたことが見出せる。

　本人 e 氏は母親 E 氏と母親 A 氏からの声かけもあって，不安や寂しさがありながらも GH 入居に至った。母親 E 氏のほうは，本人 e 氏の GH 入居について，「個々の生活が分離しつつ，週末に会って，というかたちが良い」と考える。また「何かあったら駆けつけられる場所に住む」が，「近すぎると（本人 e 氏が）自宅に戻ってきてしまう」とも思い，自立後の物理的な距離のバランスを取ることの難しさを感じていた。この母親 E 氏の思いには，本人 e 氏が親元を離れてお互いに生活基盤を得つつ，日常のなかで関われる機会を残していこうとする面が見出せる。

　GH 入居後には本人 e 氏は母親 E 氏を含めた家族関係と，GH での入居者や世話人などとの関係との違いを，実家では甘えてしまう自分という点から実感していた。また本人 e 氏は自身の GH 入居に対して，母親 E 氏や祖父母が「寂しがっている」と感じていた。本人 e 氏自身も，今後の一人暮らしを

考える一方で家族とまた一緒に暮らしたいと思うときもあり，この自分の気
持ちを「寂しいから」だと考え，「時間の問題」と捉えていた。

　寂しさを時間の経過で解決していこうとするこの本人 e 氏の思いは，自立
に消極的な面をもちながらも GH での生活に順応していこうとし，家族の寂
しさを受け止めつつ自立する意識が表れていると考えられる。また本人 e 氏
は，実家の場所は自分が慣れている地元のほうが良く，自分が暮らす GH は
友人関係も踏まえて今の場所が良いと考えている。ここにも，自分なりに GH
を主軸とした生活基盤を形成していこうとする意識が見出せる。そのなかで
「母や祖父母とは変わらず付き合っていきたい」気持ちは，親子関係をあらた
めて形成していく意識につながっていくと考えられる。

2．自立意識の能動的側面と受動的側面
──相互作用を通じた自立

　5 組の母子の事例から，知的障害者が GH 入居という決定・選択をする過
程において，情報取得や動機づけに関わるような母親からの働きかけがあり，
またそのことを知的障害者自身が認識していた。また母親への気遣いや，離
れて暮らすことへの不安など，母親との生活に対する知的障害者自身の捉え
方が，GH 入居の決定・選択における大きな要因になっていた。ここから，知
的障害者自身が母親との生活や親子関係を意識しているとともに，母親から
の働きかけが知的障害者の GH 入居の意思を引き出していることが見出せ
る。逆に母親のほうも，子どもの意識の変化に触れることで，子どもに対す
る自身の見方を変化させ，自立の実現への意識につながっていた。

　一人の個人としての自立を考えるとき，障害当事者たちによる自立生活運
動では，それまで一般的に自立とされてきた「身辺自立」や「経済的自立」
に対して，「自己決定による自立」を打ち出して人生の主体者として生きる自
立のあり方を提起してきた。そしてもう 1 つ，自立は「脱家族」として，す
なわち親元から離れて暮らし，親とのケア関係を解消するものとしても語ら
れてきた[*4]。母親たちによる GH 設立は，後者の自立に向けた母親側からの
実践として位置づけられる。そしてそのなかに同時に，知的障害のある子ど

もの自立をどう捉えるか，ひいては子どもとの今後の関係をどう形成していくかの模索も含まれているのである。

　GH 入居後にも，知的障害者は自分と母親の生活形態が変化したことで，これまでの生活や親子関係を捉えなおしながら，今後に向けて新たな意識を形成してきていた。また母親も，子どもの自立だけでなく自分自身も自立していく必要を意識していた。こうした互いの意識の変化は再び相手に影響を及ぼし，相互作用がさらに蓄積されていく。知的障害者の自立意識は母親からの直接的・間接的影響によって引き出されるとともに，母親への応答を通じて自らも主体的に自立していくことが見出せる。すなわち知的障害者の自立意識の醸成過程においては，能動性と受動性が混在しているといえる。

　「自立」とは「自ら立つ」とも書くが，これまで述べてきたように何もかも自分だけで行うことと同義ではない。さらに今回見た 5 組の母子の自立プロセスからは，「自立する」（ここでは親元を離れて暮らす）という意識そのものも，自らの内側から湧き出るだけではなく，さまざまな環境要因や他者から働きかけられることで生まれ，強まるものでもあることがわかる。

　知的障害者はその障害特性が影響して，適切な情報の取得や整理，実体験がないことへのイメージづくりなどが困難であることも少なくない。あるいは，何らかの思いがあってもそれをうまく表現する方法を見つけづらいこともある。だからこそ，自立とはさまざまな支えを得て成り立つものであり，自立意識も周囲から引き出される，支えられるといった受動的な側面があることに目を向けることが重要だと考える。そしてその際の意識づけは，自立しなければならないという規範によるものだけではなく，自立をためらう気持ち，ある意味での「弱さ」にも目を向けたものである必要がある。

　この「弱さ」は第 3 節で述べた知的障害者のもつ力，ある意味での「強さ」と矛盾するものでもない。第 3 節で見出した知的障害者の「強さ」とは，知

---

*4　この点に関して森口（2015）は，知的障害者の親元からの自立の分析から，相手をどのような存在として捉えて振る舞うか，相手からどのような存在として捉えられていると認識して振る舞うか，の相互作用によって生じる関係性の変容として自立を捉えることを提起している。

的障害者がより積極的に他者を支える存在であること，そのような意識を
もっていることに目を向けることを重視したものであり，自立することとそ
の力のみが強さであるわけではない。母親に対する知的障害者の強い想いが
自立意識につながる側面もあり，母親との親密さが，過度な一体化ではなく
自立に向かいうる場合もある。これらの親子関係を多面的に捉えながら自立
のあり方を検討する必要があるだろう。

第5節　ケアの体制を支える存在としての親
——支援者との協働による間接的関与

　最後に，本書で示すケアの多元的社会化は，個別具体的なケア関係とケア
の担い手の移行だけでなく，ケア関係を支える基盤までも含んだものとして
捉えていくことから，本節では X 法人の運営方法とそこへの母親たちへの関
与のあり方を通して，ケアの多元的社会化における協働を明らかにする。

　具体的には，設立者でもある A 氏へのインタビューデータをあらためて用
い，まずは X 法人設立に至るまでの経緯から，法人の理念・展開ならびに他
者とのつながりの実践を明らかにしていく。次に X 法人の組織運営に対する
意識や母親たちの立場性を明らかにすることで，GH 運営を含むケアの体制
を支えるための基盤形成の方法や，そこにおける母親の関与のあり方を考察
する。なお本文中の「傍点」はインタビューデータからの抜粋（カッコ（　）
内は筆者による補足）である。

1. 法人の運営展開にみる他者との協働——母親であり法人設立者
でもある A 氏の実践

(1) 本人の幼少期における A 氏の実践——積極的に子どもの障害を
周囲に伝える

　X 法人は知的障害者の母であり，法人理事長（調査時点）でもある A 氏
が，子どもの特別支援学校時代に知り合った他の母親とともに 2 人で立ち上

げた団体である。

　A 氏は長男に中度知的障害があり，夫と離別後は自営業を営みながら長男
と 2 人で暮らしてきた。法人の最初の GH に長男が入居した後は，スタッフ
確保など十分な体制が整っていなかったこともあり，GH の世話人も務めて
いた。

　A 氏は幼稚園の PTA や地元の小学校・中学校などで，積極的に周囲に長
男の障害を伝えてきた。時にはクラス担任からの呼びかけで，同学年の子ど
もに障害をわかってもらう取り組みとして，A 氏が学校全体に講演を行った
こともある。また周囲の親から長男の様子などについて教えてもらい，他の
親と関わりをもってきた。これらの経験は A 氏にとって，「障害を周知した
ほうが楽」という感覚につながっている。

　障害者の親は時に，不安や悩みを気楽に打ち明けられず，支援制度の利用
や周囲からの配慮を求めることなどにためらいを感じることがある。また，
子どもとともに積極的に周囲と関わろうとする際に，逆に否定的な視線や言
動を向けられることもある。その意味では，子どもの障害を周囲に積極的に
周知し，理解を求めていくことは，親にとって傷つきやすい状態に置かれる
可能性があり，家族内だけで何とかしていこうとする傾向にもなりうる。

　金子（1992：105-112）はボランティアが自発的であるがゆえに生じるつら
さを「自発性パラドックス」と呼び，ボランティアとして相手や事態に関わ
ることは，このパラドックスの渦中に自分自身を投げ込むという，自分自身
を「傷つきやすい」状態すなわち「バルネラブル（vulnerable）」にすること
として捉えている。しかし自らをバルネラブルにしながらも，A 氏のように
自ら発信していくことでそれは周囲の認識を変え，豊かな関係の形成へとつ
ながっていく。あえて自分をバルネラブルにすることで，「意外な展開や，不
思議な関係性がプレゼントされる」（金子 1992：112）経験を積み重ねてきた
ことが，A 氏の「障害を周知したほうが楽」と感じて実践していく原動力に
つながっていると考えられる。

（2）本人の高校卒業期でのＸ法人設立——関係を広げていく意識

　Ａ氏はもともと，本人が将来親元から離れて生活することも考えて，全寮制の特別支援学校高等部への入学を視野に入れていた。この特別支援学校での親たちとの出会いが現在のＸ法人につながっていく。

　Ａ氏は本人が小学生のときから，障害児・者の親の会に参加してきた。このときに情報収集や人脈づくりを行い，Ｘ法人の基盤となる部分を広げていった。しかし活動していくなかで，会員である親同士の意識差を感じており，組織としての将来が見えないとも感じていた。また障害のある人の学校卒業後の社会生活に関する情報がないことや，本人に社会に出てからのスキルを身に着けさせたいとの思いをもっていた。

　その後，本人が特別支援学校高等部３年生であった2006年に，この学校で知り合った母親とともに２人でＸ法人を設立した。団体の立ち上げ時，Ａ氏は，親を巻き込んでも「親の会のようにはならないように」と考えていた。これにはＡ氏の，「障害のある人を理解してもらえるようになるには親だけでは駄目」との強い思いが背景にある。そのこともあって初代の理事長は，設立者であるＡ氏やもう１名の母親とは別に，若い母親に頼んだ。こうしたＡ氏の，いわば"社会への志向"は，その後の法人運営への思いにもつながっている。

　Ａ氏のＸ法人設立の実践には，周囲に子どもの障害を周知し，理解を求めながら関係を形成してつながりを広げていった背景が，連綿と続いていることがうかがえる。またＸ法人に関わることは，Ａ氏や他の母親たちと社会との接点の１つでもある。そこには，Ｘ法人が母親たち主体であることも影響していると考えられる。特別支援学校時代に接点があった母親たちや，当時は関わりがなくとも，そのネットワークを基盤として形成される新たなつながりは，同じ立場の母親同士がこれまで抱いていた固有の課題を共有し，組織として社会に働きかけていく契機となっているといえる。

　一方で法人設立当初はＡ氏も，長男とともに暮らしながら，自らが何らかのケアを担っていることそのものへの違和感はあまり抱いていなかった。し

かし理事長が交代して団体が新体制を迎えるにあたり，あらためてその方向性を問われたことで，自身と長男のことを見つめなおし，将来のことを考えた新たな活動に取り組むに至った。それがケアの担い手の移行につながる可能性をもった，GH 設立プロジェクトの立ち上げである。

　親以外の人とも積極的につながりをつける，という A 氏の"社会への志向"に基づく実践により，実際に多様なつながりを得ることで，A 氏もまた自身を客観的に捉える契機を得ている。そしてそれはまた他の母親たちも巻き込みながら，さらなる社会とのつながりになっている。

2．ケアの多元的社会化に向けて
──協働を通じた親から子への間接的な関与

　A 氏は自身がさまざまな活動に参加あるいは創出しながら，その時々で得た出会いを生かして X 法人の運営を担ってきた。その実践では，親以外の人を巻き込むという，家族外の人々との協働が生じていたが，この協働のあり方についても A 氏の思いが込められている。

　A 氏は子どもの自立を積極的に考え，また働きかけてきたが，子どもにもっと関わり，子どもとの時間を大切にしたいとの思いもある。それは A 氏の「急に私が寝込んだから，全然知らない所に子どもを預ける気になるかどうかっていったら，意識があればあるほど，預ける気にはならない」といった思いに表れている。こうした状況を想定したときに，A 氏の協働の理念の1つとして相手との信頼関係がある。「そういう信頼関係ができるところ」であれば子どもを任せることも考えられるという。

　そしてこの信頼関係の形成は「日々のお付き合いのなせるわざ」だと考えている。A 氏にとって具体的にイメージできるのは，たとえば同じ GH に暮らすメンバーとその親や，法人の理事などである。また「この人だったら」と自分が選んでいる面もあると感じている。その人なりの生き方やさまざまな面を見て，この人は障害のある子どもたちにどのように関わるだろうか，この人だったら安心して頼めるだろうかといったことを見極めているという。この A 氏の思いの根底には，知的障害のある子どもの人権を守っていく

「覚悟」がある。

　ケアの多元的社会化の個人レベルにおいては，親から家族外の支援者（専門職に限らない）へとケアの担い手が移行していく。A氏の実践からは，その担い手の移行が一時的であれ恒常的であれ，知らない他者ではなく，信頼関係がありA氏自身が安心できる相手であることが重要で，協働のもとにケアの担い手の移行が実現していくのだとわかる。

　またA氏はX法人の団体としてのこれからのあり方について，個人的には「親じゃない人たちがたくさん関わってくれないと，広がっていかない」と考えることから，親がいなくても団体が成り立つのも1つの方法であるとも考えている。しかしそこにおいて，「監査機関」のようなかたちで「親の意見を言える所っていうのは必要」だと考えている。

　A氏は基本的な考え方として，親たち自身の常識と社会一般の常識との隔たりは随分あるだろうと捉え，「親が強かったりするだけでは難し」く，「本人たちのためにもならない」との思いがある。しかし同時に，母親たちのつながりを基盤としながら設立・展開してきたX法人は，同じ立場の母親同士として母親の気持ちに寄り添える部分もあるとして，X法人の運営に親が関わることの意義を認識している。A氏が考える協働では，「本当に，何かをしてほしいっていうのは，親の思いとか気持ちとか，本人を育ててきての思いが必要」であり，また「冷静にそれをやっていく人たち」も必要である。そして両者が「五分五分で，対等の立場」でいられるような協働のかたちを目指している。

　X法人の展開と設立者A氏の思いから見えてくるのは，親がすべてを担うのでもなく，かといって親が完全に退くのでもなく，支援者と協働しながら個人レベルでも地域レベルでも知的障害者を支える仕組みである。そしてそのなかで親たちは，知的障害者のケアを担うといった直接的な関わりは減少するかもしれないが，協働を通じて間接的に知的障害者を支えることとなり，ケアの多元的社会化において親による支援が位置づく可能性が，ここにある。

第5章

知的障害者の地域生活が社会的に支えられるために
—— 地域生活支援システムの中での「親による支援」

　本章では，A市における地域生活支援システム形成過程およびそのシステム下での実践に焦点を当て，自立に対する親の思い，家族会の位置づけ，支援機関や行政の役割を分析する。そして，知的障害者と親の自立をめぐる具体的なやり取りや親子関係だけでなく，知的障害者の地域生活支援システムを視野に入れて，「親による支援」の位置づけについて考察する[*1]。

　家族以外にケアの担い手を移行することへの親の思いはそれぞれであり，「できるうちは家族が」との考えもある。また知的障害のある子と同居中の親たちは，家族ケアの限界を自覚しつつ同居の前向きな側面を意識し，さらにA市の支援システムへの信頼感を抱いている。A市の地域特性があるからこそ，安定的な同居や親によるケアが継続されている可能性が示唆される。

　本事例からは，A市における家族会の運営のあり方と，地域生活支援システムの中核を担う支援センターの実践や行政との連携など，家族会といった組織的な活動を含め，多元的なレベルで，親とその他さまざまな支援者・機関等の協働が見出される。またA市の地域生活支援システムは，知的障害者・親・専門的な支援者（機関）の関係だけでなく，地域住民との関係形成や，知的障害者の当事者組織による地域への貢献などからも成り立っており，これらの実践を踏まえてケアの多元的社会化への1つのモデルが提示される。

[*1]　地域生活支援システムについては第1章第4節を参照。

第1節　A市の地域生活支援システム形成過程

1．A市における地域生活支援の実践の特徴と調査概要

(1) A市における地域生活支援実践の特徴

　1960年代後半からコロニーと呼ばれる大規模な入所施設の全国的な拡充が図られてきたなかで，A市でも都道府県にあたる広域自治体によりコロニー（以下，入所施設）が設立された。日本の障害福祉施策ではまず入所施設の整備に重点が置かれてきたが，A市では早い段階で，入所施設から地域生活への移行実践に取り組み，知的障害者の地域生活支援システムが形成されてきた。その実践は全国的に見ても先進的なものであり，社会福祉法人，家族会，行政をはじめ地域内のさまざまな主体が協働して知的障害者の地域生活を支えてきている。多元的な協働のもとでケアをいかに社会化して，知的障害者の地域生活を支援していけるかを問う本書において，支援システムの下で長い実績をもつA市を事例として取り上げることの意義は大きいと考え，選定した。

(2) 事例記述の方法および分析の視点

　本節では，2つのインタビュー調査結果および調査時に提供された資料，ホームページでの公表資料，および先行研究に基づき，A市における地域生活支援システムの形成過程を整理する。

　調査は，①A市の地域生活支援システムの中核機関である地域生活支援センター（以下，A市センター），および②A市の障害福祉担当部署（以下，A市行政）への半構造化インタビューとして実施した。調査の実施にあたっては，事前に立教大学コミュニティ福祉学部・研究科倫理委員会の承認を得た。また調査協力者にはインタビュー前に直接，調査趣旨，結果の公表，プライバシー保護等について口頭と文書で説明を行い，調査協力への同意を得た。①は2014年2月に職員2名（A氏，B氏）に対してそれぞれ1時間45分～2時

間半程度，②は 2015 年 2 月に職員 1 名（C 氏）に対して 1 時間半程度実施
し，同意を得られた場合にはインタビュー内容を IC レコーダーに録音した。

　地域生活支援システムとはどの地域でもまったく同じものではなく，地理
的条件やその地域の歴史等も含めた地域特性が反映されるものであり，その
形成過程は各地域の特徴がある。本書では A 市における知的障害者の地域生
活移行・地域生活支援の実践の展開について，そこに関わってきた主体に着
目して，「行政・専門職主導の実践」「家族会等の実践の台頭と協働」「新たな
法人の登場と広域的な連携」に分類し，図 5-1 のように整理した。

2. 行政・専門職主導の実践——入所施設の創設と地域生活への移行実践（1960 年代後半〜1970 年代）

　1960 年代後半から全国的に大規模な入所施設の設立への関心が高まって
いき，A 市でも広域自治体による入所施設が開設され，運営は社会福祉事業
団に委託された。

　A 市の実践が先進的といえるのは，施設の設立当初から入所者である知的
障害者の「施設を出たい」「まちで暮らしたい」という想いに応えるべく，職
員が中心となって地域生活を支えるための社会資源の創出や仕組みづくりに
取り組んできたことにある。その中心となったのが，1970 年代前半に設置さ
れた市立の通勤寮（運営は社会福祉事業団に委託）である*²。当時は全国的に
入所施設の拡充が図られつつもその数は不足し，またその他に利用できる福
祉サービスが非常に少なかった。そうしたなかで A 市の通勤寮は設立され，
入所施設から地域の生活の場に移行するための中間施設の役割を果たしてき
たことに特徴がある。

　また入所施設と通勤寮の設置主体は異なりつつ，両方を社会福祉事業団が
運営することで，運営基盤の安定性とともに施設間の連携を図り，職員の精
力的な活動によって地域への移行の実践が進められてきた。その一環として，

＊2　2005 年制定の障害者自立支援法（現：障害者総合支援法）において通勤寮は廃止さ
　　れたことを受け，現在は宿泊型自立訓練事業に移行している。なお全国各地において，
　　『通勤寮』の名称を残したまま運営されている事業所も多数ある。

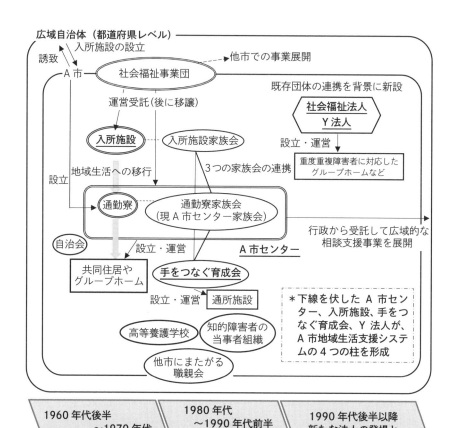

広域自治体（都道府県レベル）

入所施設の設立
誘致
A市 — 社会福祉事業団 → 他市での事業展開

既存団体の連携を背景に新設

運営受託（後に移譲）

社会福祉法人
Y法人

設立・運営

入所施設 ⋯ 入所施設家族会

重度重複障害者に対応した
グループホームなど

地域生活への移行
設立

3つの家族会の連携

通勤寮 ⋯ 通勤寮家族会
（現A市センター家族会）

行政から受託して広域的な
相談支援事業を展開

自治会

設立・運営

A市センター

共同住居や
グループホーム

手をつなぐ育成会

設立・運営 通所施設

＊下線を伏したA市セン
ター、入所施設、手をつ
なぐ育成会、Y法人が、
A市地域生活支援システ
ムの4つの柱を形成

高等養護学校

知的障害者の
当事者組織

他市にまたがる
職親会

1960年代後半
～1970年代
行政・専門職主導の実践

1980年代
～1990年代前半
家族会等の実践の
台頭と協働

1990年代後半以降
新たな法人の登場と
広域的な連携

※A市で障害者支援を行う社会福祉法人やNPO法人などは，上記以外にも多数存在している。

（鍛治2018の図1 (p.73)を著者一部改変）

図5-1 A市における地域生活移行・支援実践の展開と関連主体

地域の企業での職場実習と就労支援の取り組みがある。これにより知的障害者の経済的な安定を図ることができ，働く喜びや生きがい，地域の一員としての実感の獲得などにつながっていく。また同時期に，通勤寮を退寮した後の共同生活の場の第1号が誕生している。その後も市内初の支援付き住居として世話人が同居する民間ホームの開設をはじめ，市内に次々と知的障害者の専用下宿が開設された。A市における地域への移行の実践は，市内の企業という既存資源の活用と，下宿の開設という新たな社会資源の創出の両輪によってなされてきたといえる。

　A市における知的障害者の地域移行・地域生活支援の実践の初期には，入所施設および通勤寮を行政が設立し，社会福祉事業団がそれらを運営しながら展開してきた。そのため実践の中核主体が安定的基盤を有していた。そのことがA市での実践の特徴である。さらに入所施設や通勤寮が設立されたことで，さまざまな家族会も発足している。そのうちの1つである同市の「手をつなぐ育成会」（当時は「手をつなぐ親の会」）は1970年代前半に発足し，その後の地域生活支援システムにおける重要な主体となっていく。

3. 家族会等の実践の台頭と協働──雇用・日中活動の場づくりとグループホーム拡充（1980年代〜1990年代前半）

　1980年代に入ると，国際障害者年（1981年）の取り組みを受けながら全国的に在宅生活支援の推進の動きが出てくる。この時期A市では，社会福祉事業団の職員の呼びかけがあり，A市および近隣市町村において障害者を雇用する事業主および関係者による，職親会という市民組織が発足した。同会は事業主同士がつながり情報共有する機会をつくることで，事業主が感じている不安や困難の解消を図っている。また障害者雇用の啓発活動等の事業を行い，障害者の雇用拡大・職場定着につながる機能をもつものであり，A市における障害者の働く場づくりの実践の展開に大きく影響してきている。

　さらに1980年代前半には，知的障害者の当事者組織の結成，高等養護学校の開校などの動きがあり，知的障害者の生活に関わる社会資源がA市内で増加してきている。

　1980 年代後半からは，障害程度が中度・重度の人の地域移行実践も積極的に進められてきた。これには，1986 年の年金法改正で障害基礎年金が創設され，中度・重度の人の所得が保障されたことが影響している。

　また市民の協力によって開設してきた民間ホームの他に，知的障害者たちがお金を出し合って家を借り世話人を雇うという新たな住まい方として，第 1 号のグループホーム（以下，GH）が誕生したのもこの時期である。特に GH は 1989 年に国の精神薄弱者地域生活援助事業として制度化されたことを受け，既存の GH が国の認可を得るとともに，新たな GH も急速に増設されてきた。その他に，広域自治体の事業による共同住居，無認可の共同住居，一般の賃貸住宅やアパートなど，一人ひとりのニーズや状況に合わせて多様な居住形態が確保されてきた。

　さらに働く場のあり方も，ニーズに合わせて多様化してきた。1980 年代後半に手をつなぐ育成会が 2 カ所の地域作業所を開設した。これらの作業所は，一般企業から離職した知的障害者の受け皿としての機能や，一人ひとりの状況に合わせた作業および選択肢拡充の必要性に対応する役割を担い，地域移行および地域での安定した生活の継続を支えてきた。同時に家族会である手をつなぐ育成会が，知的障害者への支援の実施主体として台頭し，地域生活支援システムの重要な一角を担っていくことになる。

　1990 年代に入ると，通勤寮が広域自治体および国のそれぞれの支援事業の指定を受け，本格的に地域移行・地域生活支援の拠点として位置づいていく。この時期はまた，1990 年の社会福祉八法の改正，1993 年の障害者基本法の制定，同年の厚生省児童家庭局長通知「知的障害者援護施設等入所者の地域生活への移行の促進について」など，日本の障害福祉施策が大きな転換を迎えている時期でもあった。

　1980 年代から 1990 年代前半の A 市では，当初実践を主導していた社会福祉事業団以外に，手をつなぐ育成会や職親会，知的障害者の当事者組織など多様な主体がそれぞれの活動の展開を見せはじめている。なかでも入所施設と通勤寮はどちらも社会福祉事業団の運営であることから，それぞれの施設の家族会は非常に親和性が高く，手をつなぐ育成会も含めて家族会同士の連

携が強い。これらの主体の協働によって A 市の地域移行・地域生活支援は推進され，地域生活支援システムが形成されていく。

4. 新たな実践主体の登場と広域的な連携 ── 地域生活支援システムの形成とその発展（1990 年代後半以降）

　1990 年代後半以降になると，既存団体の活動がより活発化しつつ，さらに多様な実践主体が現れ，それぞれの立場で活動を展開してきている。また，中核を担う A 市センターが市や，より広域の行政区域の相談事業を受託することで，その実践は A 市以外に波及しはじめている。

　1990 年代後半には，地域で生活する知的障害者が増加したことに伴って，通勤寮から分離した新たな地域支援センター（現在の A 市センター）が開設された。これにより，これまで以上に一人ひとりに合わせた，より細かな支援が安定的に行われるようになっていく。

　また同センターが明確な拠点として位置づくことで，これまでの実践のなかで行われてきた地域生活支援のシステムづくりが，より具体的なかたちとなって現れてきた。特に 2000 年代に入ると，多様なニーズに対応すべく，A 市センターとその家族会，入所施設とその家族会，手をつなぐ育成会などの団体の連携のもと，新たな社会福祉法人 Y 法人が設立された。この法人が通所施設や，重度重複障害がある人の GH 等を展開してきたことなど，A 市全体で知的障害者の生活を支援していく体制が整ってきた。

　こうした地域生活支援システムの形成と連動しながら，入所施設からの地域移行もいっそう進められていく。なお全国的な動向としては，社会福祉法の改正（2000 年），成年後見制度の開始（2000 年），介護保険法の施行（2000年），支援費制度の開始（2003 年）などが行われた時期であった。

　2000 年代後半は，障害者自立支援法の制定（2005 年）により，日本の障害者福祉制度が新たな局面を迎えた。A 市では，入所施設が広域自治体から，A 市センターが市から社会福祉事業団に委譲されて，運営のあり方が変化した時期でもある。

　さらに A 市はこれまでの地域移行・地域生活支援と地域生活支援システ

ムの形成につながる実践から，より広域的に障害者支援の重要な役割を果た
すようになってきた。A市センターは市から受託した相談支援事業以外にも，
広域自治体から受託した障害者就業・生活支援センター事業や広域的な相談
支援事業などを行い，A市だけの範囲にとどまらない多様な機能を担うセン
ターとなってきた。もちろんその間にも，市内のさまざまな法人がそれぞれ
特徴ある通所施設やGH等の開設を進めてきたり，関係団体・機関で構成さ
れるさまざまな連絡会等が結成されたりするなど，地域生活支援システムは
より広がり，また重層的になりながら現在に至っている。

5. 多様な主体の協働によるA市の地域生活支援システム

　A市における知的障害者の地域移行・地域生活支援の実践は，広域自治体
や市などの行政と，広域自治体レベルで活動する社会福祉事業団という大きな
母体の実践主体の連携から始まり，A市の中に知的障害者の生活基盤をつくっ
てきた。その過程では，既存の社会資源と新たな社会資源の両方が加わりな
がら，家族会や当事者組織や職親会やY法人などの民間レベルの更なる多様
な主体がつながっていくことで，地域生活支援システムが形成されてきた。

　A市の地域生活支援システムは，社会福祉事業団が運営するA市センター
を中核としつつ，同じ社会福祉事業団が運営する入所施設，家族会である手
をつなぐ育成会，これらの団体などの連携のもとに設立された社会福祉法人
Y法人を含めた4つの主体（施設・組織）が柱となっている。さらに行政，
福祉関係団体や家族会，高等養護学校ならびに教育関係団体，医療機関，民
間企業，不動産等の住宅関係事業所，地域住民などの多様な主体と協働しな
がら知的障害者の地域生活を支えているのである。

第2節　同居とケアをめぐる親の葛藤
——役割意識を踏まえて

　A市にはこれまでの実践の蓄積から，知的障害者が親に頼らずに地域で生
活していくことを可能にする基盤が一定程度整っている。したがってケアの

多元的社会化の個人レベルとしては，親から家族外の支援者へと，ケアの担い手の移行が積極的になされていることを想定できる。しかし，第 1 章で見たように親は主なケアの担い手でなくなっても，ケアサービスのマネジメントなど間接的にケアに関与することになり（下夷 2015：59），個別的で代替不可能な家族関係に基づいた「ケア責任」が残りうる（上野 2011：155）。

　そこで本節では，A 市の手をつなぐ育成会（以下，A 市育成会）の会員を対象にして実施したアンケート調査およびインタビュー調査の結果から，地域生活支援システムが形成されている A 市において，親たちが知的障害者の自立や地域生活をどのように捉え，またどのように自身の役割を位置づけようとしているのかを分析する。

1．A 市育成会について

　A 市育成会は 1970 年代前半に，知的障害者の自立（就労・生活支援）を目的として，保護者・本人および賛同者からなる組織として結成された。きっかけは A 市内に通勤寮が設立され，入所施設から地域生活への移行に取り組むようになったことで，親たちが組織立って情報交換や勉強会をしようと考えはじめたことにある。

　全国的に知的障害者への公的な支援が十分とはいえない時代に，公立の大規模な入所施設の設立が地域全体に与えた影響は少なくないだろう。A 市育成会は，全国組織としての手をつなぐ育成会の地域団体の 1 つであり，A 市においては地域移行・地域生活支援の実践の初期から会として活動を始め，地域生活支援システムを担う 1 つの柱として位置づいていることに特徴がある。また A 市での実践はどちらかといえば家族会である A 市育成会よりも，入所施設とその運営法人が中心となった専門職主導の実践から始まり，社会資源がないなかで親たちのみが力を尽くしてきたのではなく，支援者と協働する基盤があった。

2．知的障害者の親の役割意識

(1) 調査概要および分析の視点

　2016年1〜2月に，A市育成会の正会員55名（当時）全員に，郵送自記式アンケート（無記名）を実施した。調査の実施にあたっては，事前に立教大学コミュニティ福祉学部・研究科倫理委員会の承認を得た。また調査票の郵送時には，調査趣旨，回答は任意であり回答しなくても不利益は生じないこと，結果の公表，プライバシー保護等を明記した文書を同封した。そして同封の返信用封筒による回答の返送をもって，調査協力への同意とみなした。

　26名から回答があり，回収率47%，有効回答数は25で，そのうち21名が親，4名がきょうだいであった。今回は親21名の回答を分析対象とし，特にケアを含めた支援の担い手の移行と家族の関わり方，知的障害のある子ども（本人）の理解に関する項目に焦点を当てて，知的障害のある子どもの生活に関する親の役割意識を明らかにする。なお，はじめに示したとおり，本書はケアの多元的社会化の視点を用いて地域生活支援システムにおける「親による支援」の位置づけを探るものであり，ここでは「ケア」ではなく，知的障害者への「支援」として表記している。

(2) 回答者について

　回答者21名および，回答者の知的障害のある子ども（本人）については表5-1のとおりである。本人の障害者手帳の取得状況は，療育手帳ではいわゆる「重度」に分類される手帳Aの取得者が8名，「中度・軽度」に分類される手帳Bの取得者が13名で，身体障害者手帳を重複して取得している人も3名いた。また本人との同居／別居の状況は図5-2のとおりである。

　地域生活支援システムが形成されてきたA市では，その過程において一定の圏域内に多数のGHが設立されてきた。しかし今回の調査では，知的障害のある子どもと同居している親が12名，離れて暮らしている親が9名と，同居中の人がわずかに多い結果となった。なお離れて暮らしている人のうち，

表 5-1　回答者（親）および知的障害のある子ども（本人）について

(n＝21)（単位：人）

回答者（親）			知的障害のある子ども(本人)		
	母	父		男性	女性
60 代	10	5	20 代	1	―
70 代	2	3	30 代	6	3
80 代	1	―	40 代	6	5
合計	13	8	合計	13	8

［親の居住状況］（n＝21）

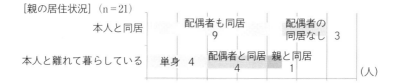

［離れて暮らしている場合の本人の居住状況］（n＝9）

図 5-2　本人との同居／別居の状況

単身者は全員母親であった。

(3) 離れて暮らすことに対する親の意識

　A 市は第 1 節で見たように，本人と家族が離れて暮らす機会になり得る社会資源が複数存在しており，現在を含めて離れて暮らした経験がないのは 3 名のみであった（図 5-3）。離れて暮らした経験は，本人の自立を親が意識する機会になる傾向もやや見られた（図 5-4）。また離れたことによる不安もややあるが，全体的に親自身の気持ちへの肯定的な変化をもたらしていた（図 5-5）。

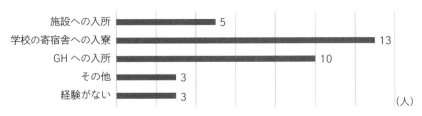

図 5-3　現在を含めて本人が親と離れて暮らした経験（複数回答）（n＝21）

（人）

- 本人の自立を意識して、あまり本人に関与しすぎなくなった
- 本人との関係が良くなった
- 積極的に連絡を取るなどして、以前より本人にかかわっていくようになった
- 特に変わったことはない
- その他
- 無効回答
- 無回答

※「本人との関係が疎遠になった」は回答なし

図 5-4　離れて暮らしたことによる本人とのかかわり方の変化（n＝18）

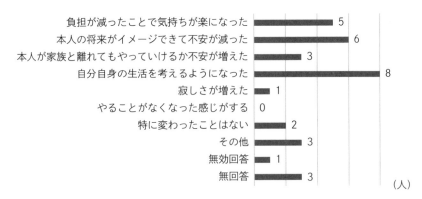

図 5-5　離れて暮らしたことによる親自身の気持ちの変化（複数回答）（n＝18）

(4) 知的障害のある子どもの支援に関する親の意識

　A市における地域移行・地域生活支援の取り組みは長い蓄積があり，その支援内容ならびに支援システムについて，知的障害者の親からも一定の信頼を得たものになっていると考えられる。親が，積極的に知的障害のある子どもの支援の担い手を移行していくには，「まかせて良いと思える支援者」や「実際にまかせられる支援団体・機関」の存在があるかどうかも重要だろう。

　この点に関して，A市育成会の親たちの，①家族が支援できるあいだは誰が中心となって本人を支援していくのが良いと思うかと，②知的障害者の生活を支えるうえで，家族以外の人がどこまで家族の代わりに本人のことを理解できると思うかの2点についての意識を見ていく。なお①で「家族が支援できるあいだ」と限定をつけているのは，親の役割意識や本人への関与の仕方についての意識を考えるうえで，親が支援の担い手になりうる可能性を踏まえるほうが，より実態に迫れると考えたからである。

　まず①の家族が支援できるあいだにおける支援の担い手については，無回答2名を除き，「家族中心のほうが良い」が9名，「家族以外の支援者にまかせたほうが良い」が10名と，ほとんど差がない。居住状況との関連でいえば，「家族中心のほうが良い」は全員が本人と同居中で，本人と同居していて「支援者にまかせたほうが良い」という人は1名のみだった（表5-2）。

　本人と同居しているから家族中心のほうが良いと思うのか，むしろ家族中心のほうが良いと思うから本人と同居しているかなど，誰が中心となって支援するほうが良いと思うかと，本人と同居するかどうかの因果関係は明確に

表5-2　家族が支援できるあいだの支援の担い手に関する親の意識 × 居住状況

(n = 19)

	本人と同居 （10名）	本人と離れて暮ら している（9名）
家族が中心のほうが良い	9名	―
家族以外の支援者にまかせたほうが良い	1名	9名

※無回答2名を除く

はなっていないが，ひとまず，居住状況と親の役割意識が密接に関連している可能性を見出すことはできると考える。

　次に②家族以外の人がどこまで家族の代わりに本人のことを理解できると思うかでは，「家族以外の人でも，家族と同じように本人を理解できると思う」が8名と最多だが，「本人を本当に理解するのは，家族でないと難しいと思う」も6名と，こちらもそこまで大きな差はない。また「家族以外の人のほうが，本人をよく理解できると思う」も2名いた（図5-6）。

　①の支援の担い手との関連（本質問に回答があった19名を対象）では，「本人を本当に理解するのは家族でないと難しい」と考えているのは，主に，家族が中心となって支援するほうが良いと考える人だが，全員ではない。また，「家族以外でも，家族と同じように本人を理解できる」と考える親は，主な支援の担い手が「家族中心のほうが良い」と思う親と，「家族以外の支援者にまかせたほうが良い」と思う親が4名ずつだった（表5-3）。

　ここからは，「家族中心のほうが良い」と考える親も，決して家族だけがすべてではないことを意識していることがうかがえる。それはまた，「家族中心のほうが良い」のは，「家族が支援できるあいだ」という前提のうえで成り立っていることでもあるだろう。その意味で，「家族中心のほうが良い」としつつ，家族以外の支援者も家族と同じような立場で本人を理解しうると捉えている親たちは，将来的に家族外の支援者にまかせることを，より意識しているといえる。

　知的障害者への主な支援の担い手についての親の思いと，本人の理解につ

| 6 | 8 | 2 | 2 | 1 | 2 |

（人）

▨ 本人を本当に理解するのは家族でないと難しい
▨ 家族以外の人でも家族と同じように本人を理解できる
▨ 家族以外の人のほうが本人をよく理解できる
■ わからない
■ その他
■ 無回答

図5-6　家族以外の人による本人の理解に関する親の意識（n＝21）

表5-3　家族以外の人による本人の理解に関する親の意識×家族が支援
　　　　できるあいだの支援の担い手に関する意識

(n＝19)

支援の担い手　　　本人の理解	家族が中心のほうが良い（9名）	家族以外の支援者にまかせたほうが良い（10名）
本人を本当に理解するのは家族でないと難しい	4名	2名
家族以外の人でも家族と同じように本人を理解できる	4名	4名
家族以外の人のほうが本人をよく理解できる	―	2名
わからない	1名	―
無回答	―	2名

　いての親の思いは，必ずしも明確な対応関係にはないことがわかる。むしろ，親の思いは揺れ動き，場合によっては矛盾が生じるような思いを抱きながら，各々のその時々の状況に応じて調整・選択が図られているのではないだろうか。

(5) 家族ケアの限界と本人の自立への意識

　親が，家族が支援できるあいだでも家族以外の支援者にまかせたほうが良いと考える理由として，最も多いのは「本人の自立を考えて」と「家族が支援できなくなった時のことを考えて」がともに9名ずつ，次に多いのは「本人の理解者を増やすために」（7名）であった（図5-7）。

　親が支援の担い手の移行を意識する背景には，1つは親による支援の限界性の自覚がある。家族が生涯にわたって知的障害者を支援し続けることは簡単ではなく，だからこそ「親亡き後」という言葉が長い間，切実さをもって語られてきた。本人を支援する存在が家族のみであることは，支援が安定的に継続していくことを完全には保証しえない。「家族が支援できるあいだ」という前提をつけているなかで，「家族が支援できなくなったときのことを考え

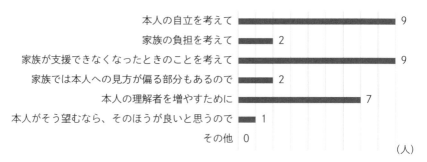

図 5-7　家族が支援できるあいだでも家族以外の支援者にまかせた方が良いと思う理由
（複数回答）（n＝10）

て」「支援者にまかせたほうが良い」と思うのは，家族による支援の限界性を
意識し，早い段階での支援の担い手の移行の必要を感じていることがうかが
える。

　もう1つは「本人の自立」である。表5-2で見たように，現在本人と離れ
て暮らしている親は全員，支援者にまかせたほうが良いと考えていた。また
図5-5では，離れて暮らしたことで親たちは，全体的な傾向としてはそのこ
とを肯定的に捉えていた。

　知的障害者とその親が離れて暮らすことは，本人が家族以外の支援者とど
のように関係を形成していくのか，逆に，家族以外の支援者が本人にどのよ
うに関わりながら日々の生活を支えているのかなど，本人の現在の状況や今
後の生活，本人との関わり方などを客観的に捉えることにつながる。あるい
は，親や家族とは異なる関わり方，表情，意思表明などを行う本人の姿を知
り，今まで気づかなかった本人の一面を発見することがある。

　日々の中心的な支援の担い手を家族以外の支援者にまかせることで，本人
の人間関係が広がり，同時に本人と親の関係にも影響が与えられ，変化が生
じていく。「支援者にまかせたほうが良い」という親の思いには，支援の担い
手の確保というだけでなく，また身体的自立や経済的自立といった意味での
自立だけではない，森口（2015）がいうような本人と親との関係性における
「自立」への意識があるといえるだろう。

(6)「家族」であることへの思い

　一方で，家族が支援できるあいだは家族中心のほうが良いと考える理由は，「本人が1番信頼できるのは家族だと思うから」(8名)，「家族としての責任があるから」(7名) の順に多かった (図5-8)。

　障害の有無にかかわらず，家族関係には法的に一定の責任が定められている (たとえば保護者による子どもの扶養義務など)。また，社会通念的にも「家族」は他の集団とは異なる特別さがあり，「家族としての責任」を感じることは多くの人が経験していることであろう。そして第2章で見たように，障害者が家族の一員であった場合には「家族の責任」がより強調される傾向にある。

　だが，障害者の家族が「家族の責任」を意識することは，障害者のより良い生活環境を整えていくためや，障害者の権利が侵害されないようにするためなど，生活の質の維持・向上のための積極的な側面も考えられる。また，「支援者にまかせたほうが良い」と回答した人々が，「家族の責任」をまったく感じていないわけでもないだろう。

　知的障害者の親が考える「家族の責任」に影響を与えている一因として，「本人のことを一番理解できるのは家族だと思う」という「本人への理解」と，「本人が一番信頼できるのは家族だと思う」という「本人からの信頼」への回答も上位にあることから，知的障害者の意思表示やコミュニケーションをめぐる要素があることがうかがえる。

　親たちの「家族中心のほうが良い」との思いには，知的障害者のニーズを

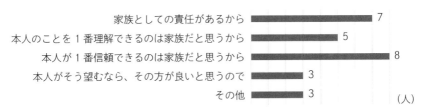

図5-8　家族が支援できる間は家族中心の方が良いと思う理由 (複数回答)(n=9)

どのように汲み取り理解するかといった，関わる側の対応のあり方と同時に，知的障害者にとっての信頼できる他者の存在の重要性が示唆されている。これはある意味では，確かに「本人を理解する」ことに関しては家族と家族以外の支援者が同じ立場になりうるが，親にとって，むしろ本人の立場に立って「本人が一番信頼できる存在」を考えたときには，家族への信頼感とその重要性が浮かび上がってきているといえる。知的障害者とその家族の関係において，過度な「依存」ではなく「信頼」が形成され，いかにそれを維持・活用していくことができるかを考えることも，知的障害者の地域生活支援の体制づくりにおいて必要であるだろう。もちろん，このことが「親が最適な代弁者」として規範化しないよう，十分な留意が同時に求められる。

　そして「家族中心のほうが良い」と考える親も，必ずしも家族が絶対的な存在であると意識しているわけではなく，これまでを含めた現在の本人の状況や，親の生活状況，本人と築いてきた関係性，本人と家族以外の支援者との関わりなど，多様な要素を踏まえたうえでの思いとして現れている。

(7) ケアから離れたとき——支援者が中心となっているなかでの親の役割とは

　それでは，知的障害者へのケアの担い手が親から家族以外の支援者に移行したら，そのとき親は自分をどのように位置づけようとしているのだろうか。今回の調査では，「本人の健康や生活状況は常に把握していく」ことや，「本人との関係がうまくいくよう，支援者に本人の特徴を伝えていく」「家族の意見や要望を支援者に伝えていく」ことを半数以上の親が意識していた。また「本人の権利が侵害されないよう気をつけていく」こと，「家族の会を通じて支えていく」ことにも一定数の回答があった（図5-9）。つまり，知的障害者へのケアの担い手が親から家族以外の支援者に移行しても，本人と周囲の人との関係を調整することや権利擁護に関わる役割意識は，親のなかに残る可能性がある。

　A市ではその地域移行・地域生活支援の実践から，親にとって，本人と長年関わってきた支援者は「家族と同じ立場」として意識されやすいだろう。

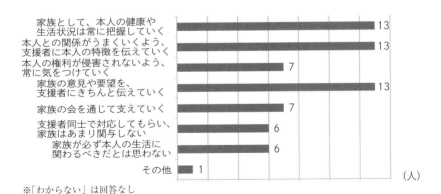

家族として、本人の健康や
生活状況は常に把握していく　13

本人との関係がうまくいくよう、
支援者に本人の特徴を伝えていく　13

本人の権利が侵害されないよう、
常に気をつけていく　7

家族の意見や要望を、
支援者にきちんと伝えていく　13

家族の会を通じて支えていく　7

支援者同士で対応してもらい、
家族はあまり関与しない　6

家族が必ず本人の生活に
関わるべきだとは思わない　6

その他　1

（人）

※「わからない」は回答なし

図5-9　家族以外の支援者が本人を支える場合の家族のかかわり方（複数回答）（n＝21）

　そしてそのプロセスでは，家族以外の支援者が，無条件で家族と同じように本人を理解できてきたわけでもないだろう。むしろ，親がこれまで捉えてきた本人の細かな特徴を支援者に伝えていくことで，家族以外の支援者が家族と同じように本人を理解することにつながっていくといえる。これは，「家族の意見や要望を支援者に伝えていく」こととも関連するだろう。それまでの本人の成育歴，生活状況，固有の行動・こだわり等を把握したうえで示される親の意見・要望は，支援者が本人を理解して支援方法を考えていく際の重要な手掛かりとなる。ここにも，親と支援者との関係（本人の特徴の伝達，親の意見表明，情報共有など）や，家族会という組織を通じて，親が本人の生活を（そこに関わる支援者・機関も含めて）間接的に支えていく可能性が見出せる。

　また，「家族はあまり関与しない」「家族が必ず関わるべきだとは思わない」と考える人のなかには，先ほど挙げた本人と支援者の関係の調整や権利擁護に関することを同時に選択していたことも興味深い。このことからは，本人への主な支援を，家族以外の支援者にまかせていくことに対し，親は自身の役割や本人への関与の仕方を明確なものにできているわけではないことがうかがえる。むしろ，間接的なかたちで本人の生活を支えていくような意識と，ある程度意図的に本人の生活への関与を控えようとする意識のあいだで，揺れ動いているのではないだろうか。

　支援を担うことは親にとって，必ずしも仕方がない，負担のあることばかりではない。また支援者にまかせていくことは，負担や不安の解消というだけでなく，自立の意識などの前向きな側面も見出せる。そして支援を担うことは本人との関係形成の一端となっていて，直接的な支援の担い手としての役割が減少しても，親には本人の生活を支えることへの役割意識が残る。この意識が，知的障害者と支援者との関係や，支援者・機関等の実践を支えていくような親と支援者の協働への契機ともなる。

　ただ，支援を担う人や機関といった社会資源が十分でないときには，多くの場合，親が支援を継続していくことになり，周囲からもそのように求められることに留意しておく必要がある。親の役割意識は個人の内面のみで形成されるのではなく，周囲との人間関係や社会環境の影響を強く受ける。知的障害者を支える社会環境が整っていなければ，その分親は，「自分がやらなければ」というように役割意識が強化されることが十分に想起される。

　知的障害者がどのように暮らし，また親がどのように関わっていくかを考えるうえでは，現実的に選択できる方法がどのくらいあるのかによって大きく左右される。「家族はあまり関与しない」との立場が保障されるには，親などの家族に代わる支援体制が整っている必要があり，個々の家族の問題ではなく社会的な整備が重要になる。

　そして，そうした支援体制をつくっていくなかで，知的障害者と親がこれまでどのような関係を築き，互いに何を求めているのか，今後はどのように関わっていこうと考えているかなどに目を向け，個々の家族に合わせて柔軟に対応していけることが重要になってくるだろう。

3. 同居・ケアへの葛藤とゆるやかな自立プロセス

(1) 調査概要および分析の視点
　先述のアンケート調査の結果も踏まえ，A市育成会の役員の協力を得て，2017年2月に会員5名（いずれも知的障害者の親）への半構造化インタビュー調査を実施した。調査の実施にあたっては，事前に立教大学コミュニティ福

表5-4　調査協力者について

協力者（親）				知的障害のある子ども（本人）			
名前	性別	年齢	職業	性別	年齢	障害者手帳	就労状況
D氏	女性	60代	無職	男性	40代	療育A	就労支援サービス
E氏	女性	60代	無職	男性	20代	療育B	就労支援サービス
F氏	女性	80代	無職	男性	40代	療育A	就労支援サービス
G氏	男性	70代	無職	女性	40代	療育B	就労支援サービス

※ 2017年調査時点

社学部・研究科倫理委員会の承認を得た。また調査協力者にはインタビュー前に直接，調査趣旨，結果の公表，プライバシー保護等について口頭と文書で説明を行い，調査協力への同意を得た。1人当たりのインタビュー時間は1時間～1時間半で，インタビュー内容は協力者の許可を得てICレコーダーに録音した。

　なお今回は，地域生活支援システムが形成されているA市においても知的障害のある子どもと同居し，また「家族ができるあいだは家族が中心になって支援したほうが良い」と思う親が一定数いたことから，協力者5名のうち，知的障害のある子どもと同居中の4名を分析の対象とした（表5-4）。

　この4名へのインタビュー結果から，特にこれまでの本人との関わりを含めた同居に対する親の思い，親の役割意識，A市の地域生活支援システムとの関連に焦点を当てて，同居中の親が捉える知的障害者の自立について整理した。分析にあたっては佐藤（2008）の『質的データ分析法』を参考に，まずインタビューデータをセグメント化して要約し，そこから焦点的コードを抽出し，それをもとに概念カテゴリーを生成した。

(2) 知的障害のある子どもと同居中の親が抱く自立への思い

　分析の結果，10のカテゴリーと26の焦点的コードが抽出された。これらをさらに，「これまでの本人との生活の捉え方」と「本人の自立に対する親の意識」に分けて整理した（表5-5，表5-6）。

　親たちはＡ市における地域生活支援の実践を実感し，知的障害のある子どもの自立とケアの担い手の移行の必要性を感じている。しかしまた，本人とのこれまでの生活経験や親としての役割意識から，葛藤を抱えながらも現状では，続けられるところまでは本人と同居してケアを担っていきたいとの思いがある。ここからはより詳細にその思いを見ていく。なお，調査結果の分析に基づき抽出された概念カテゴリーは【　】で表し，各概念カテゴリーを構成する焦点的コードは〈　〉で表している。

（3）積み重ねてきた親子関係と親が捉える「本人像」

　知的障害のある子どもと同居してケアを担ってきた親たちは，〈こだわり・自閉傾向〉や〈コミュニケーション・人間関係でのニーズ〉など，本人の生活上のニーズを自分なりに把握していた。それはまた本人が変化に適応することの難しさや，言語的な関わりだけでは対応しきれない面があること，会話内容や相手の意図などをどこまで理解できているかについての疑問として現れている。さらに本人が他者に危害を加えたり迷惑をかけたりすることへの不安として，〈社会生活上での注意〉の必要性を感じていた。ケアの担い手としての経験の蓄積に基づいた，親から見た【障害特性を踏まえた本人像】は少なからず，親から本人への関わり方に，ひいては本人の自立に影響しているだろう。

　では，親たちは本人とどのような関係を形成してきたのかというと，家庭内では親自身が意識的に取り組んだこともあって，〈子どもと楽しむ〉経験や〈子どもからの肯定的影響を受ける〉経験を重ねていた。そして子どもと暮らす生活を〈特に困難がない〉として，【円滑な親子関係】が語られた。これまでの生活を細かく捉えていけば，折々で本人との関わりやケアを担うことに困難を感じたこともあると考えられるが，総じて捉えれば大きなこととして認識されていない様子がうかがえる。

　家族外の人々との関わりや接点も，もちろんある。意識的に〈子どもと外に出る〉ことで他の知的障害者たちやその親たち，またより多様な人々と出会い，親の〈障害の理解の促進〉や〈情報収集〉につながっていく。そして，

表5-5　これまでの本人との生活の捉え方

【カテゴリー】	〈コード〉	セグメントの要約
障害特性を踏まえた本人像	こだわり・自閉傾向	自閉症の特性もあり本人を変えるのは難しい／話すことはできるけど自閉傾向がある／こだわりがある／自分は自分という感じで自分の殻に閉じこもる
	コミュニケーション・人間関係でのニーズ	会話の内容を理解しているかどうかはわからない／会話を成立させることがおそらく難しく友達関係がつくれない／自分の意思を伝えるとか会話ができれば良いが／友達とのコミュニケーションがあまりよく取れない／言われたことに対して中身を分かって返事をしているかは怪しい部分
	社会生活上での注意	小さい子を叩いたりとかが一番心配／人に迷惑をかけたり度を越したものに関しては厳しく／GHでは周りに迷惑をかけることが心配
円滑な親子関係	子どもと楽しむ	本人が小さいときからずっと暗くならないことを根本で意識していた／できるうちに楽しめることを一緒にいっぱいやりたい
	子どもからの肯定的影響を受ける	子どものおかげで良い出会いがいっぱいあった／本人が家では結構戦力で本当にありがたい
	特に困難がない	そんなに困ることがなかった／自分の子どもはそうではないが少しの留守番などもできないと親が大変／直接困ったことはない
家族外の人々との関わりからの学び	子どもと外に出る	どこでも連れて行った／将来につながると思っていろいろな所へ連れて行った
	障害の理解の促進	障害を持った人にたくさん出会えて勉強になった／入所施設での勤務経験による障害に対しての最低限の知識
	情報収集	いろいろな本人を見ている／今は親同士でGH入居のタイミングなどの話が多い／母親たちは常に交流している
	自分の子ゆえの感覚	自分の子どもだと感情的になって怒ることがある／結構期待して自分の子ども中心に思ってしまう
全寮制高等養護学校での経験	意図的な親子の分離	やっぱりどこかで離して成長してもらいたい／3年ぐらいは離さなければと思った
	本人の成長	他人である教員のかかわりで本人が成長する／自立心のようなものがついた
	全寮制に対する本人の戸惑いやストレス	本人はとても戸惑っていたと思う／本人にはかなりきつかった

表 5-6　本人の自立に対する親の意識

【カテゴリー】	〈コード〉	セグメントの要約
同居の継続と親によるケアの限界の自覚	自分の高齢化や親亡き後への不安	親の高齢化で地域の人にお願いしなくちゃいけなくなるだろう／自分が先に死んだら無理だと思う／親がいなくなったら子どもは支援員がいるところなどで生活していくしかない／徐々に高齢になる中でいつまでこうしているか
	同居のマイナス面の実感	全寮制高校で身につけたことが自宅に戻ったら怠けるようになった／本人にはわからないと思ってあまり説明しなかったことを反省している
自立への葛藤	親自身の自立への意識	まず親が子どもを離す努力をしなければいけない／夫婦のどちらかがケアできなくなった時の本人の GH 入居を夫婦で話している／アパート暮らしをさせてあげないと
	自分から離れるタイミングの難しさ	実感はあるけど思いきれない／GH 入居と親との同居のどちらが良いか今のところ自分ではわからない／時期を決めておいた方が良いのかどうか
	子どもとの同居継続の希望	親元から離したら本人がかわいそうだなと／今の生活が自分もそれなりに楽しい／親が見られるうちは GH 等には入れずに／両親が健在のうちは可能であれば同居した方がいい
親役割を担う意識	親だからできること	親だったら考えてあげられる／小さい時から暮らしてきた親だから分かることが多くある／家でないとできないことが多くあった／やはり親でないとカバーできないなと
	親の責任	子どものためにも親がしっかり見てあげる必要があって周りの人ばかりでは駄目／支援者に本人への声かけの仕方についてお願いをしている／親が責任を持って送り迎えするからと言っている／全部が支援者まかせで良いのかなと
GH の支援体制の限界の予測	支援者によるケアへの割り切り	支援者が本人の細かいことを見られないことも仕方ない／GH の職員にあまり期待したらいけないとも思う／親同士で「GH 職員にそこまで要求できない」など話し合うことがある
	集団生活上の制約	制限がかかるだろうな／やはり規制がある
自立に対する子どもの側の消極性の認識	子ども側の同居の意向	今のところは本人が親から離れたくないのが現状／ときどき GH に関する話をしても本人が大抵嫌がる／本人も家ほどいいものはない
	子どもの気持ちの尊重	本人も今の生活が良いと言っているので早く切り離す必要はない／本人も親元を離れる覚悟はしているけど時期は具体的になっていない
地域生活支援システムへの信頼	関わりのある支援者への信頼	長く見てくれているので安心するところもある／センターの職員が一生懸命やってくれていてありがたい
	知的障害者が暮らしやすい地域としてのA 市の実感	地域のみんなで本人のことを見てくれた／まちの大きさがちょうどいい／育成会や入所施設など地域全体でネットワークができている

自分の子どもだからこその言動や自分の子どもを中心に考えてしまうことの自覚など，〈自分の子ゆえの感覚〉への気づきを得ていた。これらの経験が【家族外の人々との関わりからの学び】となって，本人との関係を捉えなおすきっかけになっていた。

　またA市には全寮制の特別支援学校があり，3名は，知的障害のある子どもがそこに在籍して，学校時代は親元を離れて寄宿舎で生活していた経験がある。本人の入学理由には，〈意図的な親子の分離〉がある。【全寮制高等養護学校での経験】が〈本人の成長〉の機会となったことの実感がある一方で，〈全寮制に対する本人の戸惑いやストレス〉があったことも感じている。

　本人の学校選択において多くの場合，親の意向が大きな要因になる。そのため親が意図したことに関して本人の意向が見えづらくなったり，親が意図したものとは異なる結果となることがある。しかし本人の混乱や否定的反応を避けるために，親以外の人々との出会いや，一時的でもケアの担い手の移行を避けていると，本人自身が新たな環境に慣れて対応する力を身につけることにはつながりにくい。そのため親にとってジレンマが生じやすいといえる。

（4）自立に対する親の相反する意識

　親たちは楽しさや本人への感謝など，本人との同居を少なからず前向きに捉えている様子があるが，〈自分の高齢化や親亡き後への不安〉を抱え，将来的な限界を十分承知している。また同居のポジティブな面だけでなく〈同居のマイナス面の実感〉もある。

　これらの思いがあって同居中の親たちも，将来的な対応を見据えての〈親自身の自立への意識〉を持っていた。また具体的な行動として，親のほうが本人の自立に向けて自ら距離をとったり，親元以外の具体的な生活の場の確保に取り組み始めたりといった，どちらかといえば本人の自立に向けた親側の積極的な働きかけがある。しかしそれが決して容易ではなく，〈自分から離れるタイミングの難しさ〉を感じている。また，今実際に感じている楽しさや，親自身がまだケアを担える状況にあること，本人がかわいそうといった

思いなどから，〈子どもとの同居継続の希望〉も同時に抱いている。

　親たちは現在の同居生活の，それほどには遠くない限界を自覚し，自らも子どもから自立していく必要性を感じている。しかしいざそれを実現するとなると明確な時期は見通せず，むしろこのまま同居を続けていきたい思いもあり，相反するような気持ちのなかに置かれている。【同居の継続と親によるケアの限界の自覚】がありつつ，現状を変えるタイミングの難しさから【自立への葛藤】を抱いているのである。

(5) ケアの担い手の移行と親の役割意識

　親たちには〈親だからできること〉があるという強い思いがある。実際に子どもと関わり，積み重ねてきた経験があることもあるが，知的障害者のケアにおいて「親（つまりは家族）」であることが親たちにとって特別な意味をもっていることがわかる。この思いは〈親の責任〉意識と結びついていて，支援者にすべてをまかせるのでなく，自身の責任として，支援者と話をしたり支援に関わったりする【親役割を担う意識】があり，親と支援者がどのように協働していくかに関する親の思いがうかがえる。

　親が抱く責任感は，家族規範の内面化でもあるだろう。しかし親の役割意識を強める要因として，【GH の支援体制の限界の予測】と【自立に対する子どもの側の消極性の認識】がある。

　GH は，現実的に入居者と支援者が常に 1 対 1 で関われるような職員配置は難しい。そのような支援体制に対して親たちは，あまり支援者に要求はできないといった〈支援者によるケアへの割り切り〉を行っている。また共同生活が基本となることから〈集団生活上の制約〉を感じ，本人にとって GH より親元での生活のほうが，自由度が高く過ごすことができると捉えている。これらの意識は，本人のニーズに対して親だからこそ応答できることがあることを実感し，自立の必要性は認識しつつ，まださほど本人との生活に困難を感じていない親たちにとって，本人のためにも「親ができる間は，親が」との役割意識につながっているといえる。

　また親たちは本人の自立をまったく意識していないわけでなく，本人に対

して将来的な話をするなど働きかけている。そしてそれに対する本人の反応
や様子から親たちは,〈子ども側の同居の意向〉を見出していた。この点を含
めて,自立を意識しつつ〈子どもの気持ちの尊重〉というかたちで,現在も
親と本人が生活を営んでいる一面がある。親からの自立とそれに伴うケアの
担い手の移行に対する本人自身の消極性に触れたとき,親たちはそうした本
人の意向を受け止め,できる範囲で尊重しようとすることで,自身の役割の
保持につながっていると考えられる。

(6) 根底にある信頼とゆるやかな自立

　ここまで見てきた親たちの意識は,知的障害者の地域生活支援の先進地域
である A 市の実践に,自立生活やその支援という点での不足を指摘すること
になるものだろうか。確かに GH の支援体制に対して,親たちは,親による
支援がもつ意義を見出していた。しかし A 市育成会の会員として,A 市の地
域生活支援システム形成を見てきた,また時には支援団体として関わってき
た親たちは根底に,〈関わりのある支援者への信頼〉と〈知的障害者が暮らし
やすい地域としての A 市の実感〉を通じた,A 市の【地域生活支援システム
への信頼】をもっていた。

　A 市では,地域生活への移行を実現していく過程で地域住民との関わりに
も力を入れ,まちの中で住民が知的障害者と自然に関わる風土が醸成されて
きた。親たちもこれまでの生活経験でそのことを実感し,そのなかで現在,
知的障害のある子どもと同居し,ケアを担っているのである。

　知的障害者の地域生活支援に先進的に取り組んできた A 市においても,
個々の家族の実情としては,親が何のためらいも抱かずに本人の自立に向か
うことは,容易ではない部分がある。また本人が自立を肯定的に捉えていな
かったり,新たな環境に適応しきれなかったりすることで,ある意味では「仕
方なく」親が一緒に暮らしてケアし続けている場合もあるだろう。しかしそ
の状況下で年齢を重ねていくことは,本人が親以外の人と関わったり生活経
験を広げていく機会が減少し,いざ本当に親と一緒にはいられなくなった際
に,より大きな混乱が生じる可能性がある。また,親のほうが早い段階から

「うちの子どもにはできない」として自立に向けた取り組みには関わろうとしないことがあるかもしれない。

　今回見てきた親たちの思いは，自立（あるいは親離れ・子離れ）できておらず意識の変容が必要である，ともいえない。むしろ第4章で見た，親たちの積極的な働きかけによる自立プロセスとはまた異なる，A市の地域生活支援システムを基盤とした，知的障害者の親からの自立のプロセスを示していると考える。

　自立のプロセスは固定的な道筋があるのではなく，それぞれの家族の状況を踏まえ，段階的にゆるやかに進んでいく場合などを含めた多様なかたちを捉えることで，知的障害者の多様な地域生活が保障されるといえる。そのためにも，親元でなくとも知的障害者が安心して生活していけるという具体的な実感を親も本人も得られるよう，周囲からの働きかけや環境整備を行い，親と知的障害者が地域から孤立しない状況をつくることが必要である。

第3節　家族会による知的障害者の地域生活支援
　　　　──組織を通じた関与と協働

　本章ではこれまでに，親が知的障害者の生活を間接的に支えること，そのことが親たち自身の役割意識としても現れていることを見出してきた。またA市では，家族会が地域生活支援システムを支える重要な主体でもある。そこで本節では，A市で活動する2つの家族会へのインタビュー調査結果から，組織としての家族会がどのように専門職との協働を図ろうとしているかを考える。

1. 調査概要および分析の視点

　①2014年12月にA市センター利用者の家族会（以下，A市センター家族会）に対して，②2015年2月にA市育成会に対して，それぞれ半構造化インタビューを実施した。調査の実施にあたっては，事前に立教大学コミュニティ福祉学部・研究科倫理委員会の承認を得た。また調査協力者にはインタ

ビュー前に直接，調査趣旨，結果の公表，プライバシー保護等について口頭と文書で説明を行い，調査協力への同意を得た。①は役員2名（H氏，I氏）に対してそれぞれ1時間〜2時間程度，②は役員1名（J氏）に対して2時間程度実施した。インタビュー内容は協力者の同意を得たうえでICレコーダーに録音した。

　分析の視点として，A市育成会とA市センター家族会が，A市センターをはじめとしたさまざまな組織・団体（家族会同士も含め）とどのように協働し，A市の地域生活支援システムにおける役割を担っているのかを整理した。なお本文中の「傍点」はインタビューデータからの抜粋（カッコ（　）内は筆者による補足）である。

2．A市における2つの家族会の活動展開

　A市育成会は1970年代前半に，A市に大規模な入所施設が設立されたことをきっかけに，A市で暮らす知的障害者の親たちが情報交換や勉強会のために発足させた。1980年代後半には，当時の通勤寮（現：A市センター）から打診されて同じ敷地内に共同作業所を開設し，運営を行ってきた。この共同作業所はその後に移転して，障害者総合支援法における生活介護事業および就労継続支援B型事業を行う多機能型事業所となっている。

　共同作業所が開設された理由には，専門職が中心となってさまざまな企業に働きかけて知的障害者の働く場を創出してきたが，うまくいかない場合が出てきたことがある。地域生活支援システムの形成において，いわゆる企業での一般就労がうまくいかず，次の就職先を探すまでの短期的な場合を含めて日中活動の場のニーズが高まってきたなかで，A市育成会が担った役割は非常に大きいといえる。

　その後A市育成会は複数の事業・活動を展開し，2000年代後半にNPO法人格を取得した。これまでにも新たな共同作業所の開設，家族会としての研修や通信発行，リサイクル等の法人運営事業，受託による収益事業等のさまざまな活動を展開してきている。

　もう1つのA市センター家族会は，1970年代前半に通勤寮（現：A市セ

ンター）が設立されたことで，地域生活に移行していく入寮者の家族会とし
て発足した。その後，現在の A 市センター設立に至るまでの過程で，GH を
含めた A 市センターの事業利用者の家族会となってきた。こうした特性上，
会員は他市在住者も多い。

　正会員は親で，賛助会員には A 市センター職員や他の家族会の会員が入っ
ていて，複数の家族会に入会している親も少なくない。また事務局は A 市セ
ンター内にあり，家族会の事務局長は A 市センター職員が担っている（2014
年調査当時）。

　主な活動内容としては，年 2 回の通信発行，研修会の開催，会計管理事業，
帰省バス事業などがある。研修会は A 市センター家族会会員のみを対象とし
たものだけでなく，A 市育成会，入所施設の家族会，高等養護学校の家族会，
社会福祉法人 Y 法人の家族会，A 市センター職員との合同開催のものもあ
る。

3. 家族会同士の協働

　家族会は地域で孤立的な状況に置かれやすい知的障害者やその親にとっ
て，社会との接点を創出し，また同じ立場にある者同士の連帯を可能とする
場でもある。

　A 市育成会も A 市センター家族会も，さまざまな活動を通じて A 市で生
活する知的障害者の地域生活支援に関わってきたが，情報交換や親向けの研
修，家族同士の交流などが会員である親同士の支援につながっている。

　研修会等への参加を通じて，他の家族の状況を知ったり講師からの情報提
供を受けることで，自身が抱えていた不安や悩みが軽減され，納得していく
人も少なくない。こうした親同士の出会いや連帯の場があることは，親たち
の入会の理由の 1 つであり，また参加を通じて親の安心につながっている。

　特に，入所施設も，そこからの地域移行と地域生活支援実践の中核である
A 市センターも社会福祉事業団の運営でありつながりが強く，A 市センター
家族会と入所施設の家族会もつながりをもちやすい。また A 市育成会は A 市
センターの実践と連動しながら作業所運営などを行ってきている。こうした

実践の展開が，家族会同士の協働の基盤になっていると考えられる。

4．家族会がみる A 市の地域生活支援システム
——A 市センターの実践への親たちの評価

　前節で見たように，親たちは個人的な実感として A 市の地域生活支援システムへの信頼を抱いていた。一人の親であると同時に，家族会の役員として会の事業を通じて支援団体・機関などと協働してきた親たちも，同様に A 市センターの実践を肯定的に評価し，A 市の「暮らしやすさ」を実感していた。

　親たちは，入所施設や通勤寮などの主要施設が公立であり行政の基盤があったこと，社会福祉事業団が主導して地域移行・地域生活支援を実践してきたことが A 市の強みであると捉えていて，A 市の実践の特徴が親たちに肯定的に評価されていることがうかがえる。

　また事業団の職員の個別の実践への評価も高い。それはたとえば「きちっとやっぱり，地域づくりのために，我々は何ができてどういうことをしたら良いのかというのをきっちり捉えて真剣に取り組んでいた」（J 氏）というような，支援者が地域住民と関わる機会を意図的に作って地域づくりに目を向けてきたことへの肯定的評価がある。また本人への日々の支援のあり方や，本人の様子について A 市センターから連絡をもらい情報共有ができていることでの安心感として現れている。

　そして何より親たちは，たとえば本人が買い物をする際に自分では計算ができなくても，市民が金額を本人に伝えながら必要な分を財布から取り出してお釣りを入れてくれるなど，A 市センターの実践が現在の A 市の風土につながり，「障害のある人たちが自然」（H 氏）に，「市の中に溶け込んで」（I 氏）過ごしているという A 市の「暮らしやすさ」を実感していた。家族会の役員としてということだけでなく，A 市の住民の一人でもある親たちがこのように捉えていることは，あらためて A 市に知的障害者の地域生活支援システムが形成され，それが知的障害者本人だけでなく親たちの安心や暮らしやすさにつながっていることが見出せる。

5．A市の地域生活支援システムにおける家族会の役割

　親たちが評価するA市の地域生活支援システムには，それぞれの家族会ももちろん位置づき，独自の役割を担っている。

　たとえばA市育成会はA市センターの打診を受けて共同作業所を設立したが，その要因としてA市育成会が地域に根づいた団体であることが大きい。入所施設設立時の時代背景もあり，入所者は他市出身者も多い。地域の生活に移行する際には，地元に戻った人もいるが全体のなかでは少数であり，A市内で暮らしてA市センターの支援を利用している知的障害者にも他市出身者が多い。そのため，入所施設の家族会やA市センター家族会は，会員である親も他市で生活していることが多い。しかしA市育成会は，特定の施設や学校等の家族会ではなく「手をつなぐ育成会」の地域団体であり，会員のほとんどがA市在住である。「たとえば350人，360人会員がいても，多くは，他市（在住）だったりになるので，いろんなことやっぱり，いざって時にやれって言ったらうちしかないのかなって」（J氏）とJ氏自身が実感しているように，A市育成会は地域に根づいた団体であるからこそできる役割を果たしてきている。

　一方A市センター家族会の事業の特徴として，A市センター内における調理員の雇用がある。これにより一人暮らしの知的障害者の食事のサポートを行っている。またA市センターが顧問弁護士と契約を行う費用を家族会も折半し，知的障害者自身の高齢化や死亡にも対応できる体制整備に関わっている。他にも，お盆休みや年末年始などで地元に帰省する知的障害者のための送迎バス（帰省バス）事業を行っている。親の高齢化により親が送迎することが難しくなってきたケースが増え，A市センターの職員だけでは対応しきれないところを家族会が対応しているのである。A市センターを利用する知的障害者の家族会として，A市センターと協働しながら細かいニーズに対応して独自の役割を果たしている。

　A市育成会とA市センター家族会は組織規模，実施事業，会員である家族の居住地が異なり，それぞれの会の特徴を踏まえながら活動に取り組んでい

るのであって，組織としての優劣はない。組織運営は多少なりとも構成員である一人ひとりに左右される部分があり，会員である個々の親たちがそれぞれの組織を通じて，自分のできる範囲で協働を形作っているといえる。

　また A 市センター家族会の大きな特徴である会計管理事業は，家族会が，A 市センターの職員とは異なる立場になる経理担当の事務員を雇用して，日常の金銭管理に不安や困難を抱える知的障害者を支援している。通常，たとえば GH で生活している知的障害者であれば，金銭管理の支援は GH 職員が担っている。しかし A 市センター家族会は，家族会の事業として行うことに，知的障害者と支援者（機関）の関係に第三者の目を入れるといった特有の意義を見出している。

　A 市センター家族会のこの事業からは，家族会（とそれを支える親たち）が，知的障害者と支援者（あるいは A 市センター）との間に立つ役割を果たしていることがわかる。ケアの担い手が親から支援者へと移行し，知的障害者と親の直接的な関わりが縮小したとしても，家族会という組織を通じて親が知的障害者の生活を支え，知的障害者と支援者の関係形成に間接的に寄与するような親と支援者の協働がある。

　ここまで見てきた 2 つの家族会の特徴や役割，またそれらを踏まえた協働のかたちを図 5-10 のように示した。

6. どのように協働するか──維持と広がり

(1)「家族だからこそ」の意義

　家族会だからこそ担ってきている独自の役割があることは，まさに地域生活支援システムにおいて家族会という主体が関わることの意義であり，親などの家族が知的障害者の支援から完全に離れるのではなく，間接的に知的障害者を支えることの意義であるだろう。

　しかし家族会は，若い年代の親たちの入会の減少と会員の高齢化，参加者の固定化などによる運営上の課題も抱えている。また徐々に会員が親ではなく，きょうだいに代替わりする例が出てきているが，きょうだいは親以上に

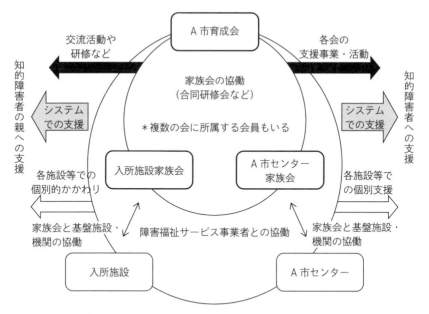

図5-10　家族会の実践にみる協働とA市における地域生活支援

自身のライフステージの変化に応じて他市で生活していることも多く，きょうだい自身の生活や，結婚していれば相手の家族との関係がある。

　本書は，親に頼らずに知的障害者が地域で安定して生活していくことを可能にする体制が必要であることを前提とし，そのうえで個人レベル，地域での実践レベル，制度レベルのすべてを含めたケアの多元的社会化を図り，そこに親による支援がどのように位置づくかに焦点を当ててきた。家族会が抱える世代交代や団体運営の課題は，社会状況が変動していくなかで，ケアの多元的社会化においてあらためて親たちがどのように位置づきうるか，また親たち自身はどう位置づけようとしているのかが問われることでもあるといえる。

　親たち（特に若い年代）が家族会にあまり積極的に参加しなくなってきた要因に，社会全体での支援体制の整備が進んできたことがあるのであれば，それはまさに親の会が切実に訴えてきたことであり，親の会はある意味では

役目を終えていくのかもしれない。しかしA市育成会やA市センター家族会が，専門職の支援者では担いきれない部分をカバーしていたように，多様な主体が関与し協働することで，知的障害者一人ひとりの個別ニーズに対応していくことが可能になる。この点は第3章で見たように，全国組織としての「手をつなぐ育成会」がその存在意義をあらためて示していた部分でもある。また，やはり「親でないとわからない部分もある」ことや，同じ立場の親同士だからこそわかり合えたり共有できることがあるのであれば，家族会という1つの社会的な団体が担う役割や意義の重要性は変わらないであろう。

　同時に，支援者に本人のことを一任して自身はあまり関わらない親や家族会に入会しない親に対して，支援者との協働の拒否と安易に捉えることは避けるべきであろう。むしろそこにある支援者への信頼も，親と支援者の協働のかたちの一つと捉えることもできる。本書は親による支援の意義を明らかにしようとするものだが，だから親が関わるべきだと言いたいわけではない。中山（2010：74）は，知的障害者が「家族との同居からの自立」を成し遂げられるか否かが母親たちの取り組みに依存していることを示し，「脱家族介助化」のための基盤整備を母親たちの活動に依存しないという意味での「脱家族化」も必要であるという。家族以外の主体の積極的な関与の必要性は次節でも触れるが，それぞれ抱えている事情や立場の違いを踏まえたとき，親が支援者と密接に連絡を取り合ったり何らかの活動に積極的に参加したりということがなくても，知的障害者の地域生活が安定的に支えられるよう，協働をより多様に捉えていくことが必要であると考える。

(2)「家族だけでない」ことの意義

　そして「家族だからこそ」わかることやできることがあれば，同時に「家族だけでない」ことの意義がある。A市センター家族会は会員の居住地のことがあり，親たちに負担がかかり過ぎないよう，事務局体制など会の運営そのものもA市センターと協働している。またこうした体制になっていることで，役員会ではA市センターの職員も参加している。そこで親たちからA市

センターへの提案をしたり，逆にＡ市センターから家族会への提案がされたりと，家族会とＡ市センターの情報共有がなされている。

　またＡ市育成会も，知的障害者の親たちが結成した団体であるが，意識的に親以外の人びととつながりを作り，理事には入所施設の職員や知的障害者の当事者組織のメンバーなどが加わっている。団体の運営のあり方として，家族会として親たち同士の協働の側面をもちつつ，親以外の人々と協働する意義が実感されてきているのである。

　さらにＡ市育成会が活動を展開するなかで創設した団体会員の仕組みは，たとえば，Ａ市センター家族会や，入所施設の家族会，知的障害者を雇用している雇用主たちの団体である職親会，知的障害者の当事者組織などが会員として会費を納めている。団体会員創設のきっかけは，「手をつなぐ育成会」の地方大会をＡ市で開催することになったことだったが，その後もＡ市内の知的障害者支援に関わるさまざまな団体の協働を可能にする仕組みとして機能している。このことは知的障害者の地域生活支援を，特定の団体・組織のみが担うのではなく，まさに「まち全体」の課題として取り組んでいくことを可能にするといえる。

　Ａ市における地域移行・地域生活支援の実践に対して親たちの評価は高く，行政や社会福祉事業団およびその職員などの専門職に支えられてきたことが，Ａ市の実践の先駆性の基盤になってきた。しかし親たちもそうした実践に呼応するように自ら組織を作り，活動を展開してきたのであり，親たちが実感する「障害者が自然に暮らすまち」は，長い実践過程において親たちと支援者たちが協働することで作られてきたのである。

第4節　知的障害者を支える地域的基盤

　ここまで，Ａ市の地域移行・地域生活支援の実践の特徴を踏まえながら，個別の親たちの思いと，家族会という組織がもつ役割や意義を明らかにしてきた。これらは，知的障害者やその親を支えていくうえでの協働についての，親側の視点からの分析である。一方で地域生活支援システムの形成を親たち

が主導しなければいけないわけではない。また自立に向けた親子関係の変容を当事者たちだけで行えるとも限らない。

　本節では他の主体にも目を向けたより広い視点として，第 1 節でも取り上げた① A 市センター（職員 A 氏および B 氏）への半構造化インタビュー（2014 年 2 月）と，② A 市行政（職員 C 氏）への半構造化インタビュー（2015 年 2 月）の結果を中心に，A 市センターを中心としながら地域のさまざまな主体とつながることによる協働の拡大と，知的障害者を支える地域全体の基盤をみていく。なお本文中の「傍点」はインタビューデータからの抜粋（カッコ（　）内は筆者による補足）である。

1. 親子関係に対する支援者からのアプローチ
──個人レベルの視点

　地域生活支援システム形成過程において，A 市センターとしてはどのように親と協働しながら，知的障害者の支援を実践してきたのだろうか。

　市外各地から入所希望者が殺到したように，A 市で地域移行・地域生活支援の実践が取り組まれはじめた当時，知的障害者の施設入所には「親亡き後」に対する切実な親の思いがある。そして施設への入所により，必然的にケアの担い手は親から施設職員へと移行する。そのため A 市における地域移行・地域生活支援システム形成の実践は，親に代わって主なケアの担い手となった支援者が，知的障害者と親との間に立ちながら行われてきた。

　その過程は常に順調だったわけではなく，親子の葛藤に触れながら支援者が間に入ることで，知的障害者と親の過度な密着を防いだり，逆に親子関係をあらためてつなぐような試みがなされたりしてきた。知的障害者，親，支援者の三者関係のなかで，支援者の側も，親との協働の仕方を模索してきているのである。

（1）親の意識変容を促す──入所施設から地域生活への移行実践の　　なかでの親へのアプローチ

　地域での生活を望む知的障害者と，入所施設での生涯にわたる安心・安定

した生活を望む親との間の意識の違いから，地域生活への移行実践の当初は親たちからの反対も少なくなかった。それに対して支援者たちは，「こちらのセンターが一生涯，まちの中で支援していきますから，ということで」(B氏)，たとえ生活の場がどこであり何が起こっても，社会福祉事業団の職員が生涯にわたって知的障害者を支える「一生涯の支援」を掲げて，親の理解を得ていくための取り組みを行ってきた。しかし親からの理解を得ることが，実践の主目的ではない。支援者は，「親が理解をしてくれたから」地域生活をするのではなく，あくまで知的障害者自身のニーズとより良い生活に向けての地域生活として実践を行ってきたのであり，またそのことを親に伝えてきた。

　知的障害者の地域生活への移行実践は，「地域よりも施設のほうが良い」との思いをもつ親たちの意識の変化を促す実践でもあった。A氏は，ある知的障害者がGHの体験入居を通して入所施設とGHでの生活の違いを実感し，親への関わり方にも変化が生じた姿を見出している。また親のほうも子どもの変化にショックを受けながら，これまで自分の子どもには「できない」と捉えていた物事への認識の変化が生じていたとして，地域への移行の実践において，知的障害者と親の意識がそれぞれ変化していくことを実感する事例に出会っている。さらにA氏は子どもの変化にショックを感じている親に対して，「親離れ子離れできて良かったんじゃないですか」(A氏)と，親が子どもとの関係を見つめなおすことにつながるような声かけを行っている。ここからは，知的障害者と親との二者関係だったところに施設職員という支援者が加わり，支援者からの声かけや実践を契機としながら，知的障害者と親が互いに影響し合ってそれぞれの意識を変化させ，地域への移行という1つの実践が作り上げられていることがわかる。

　また，多くの入所者はA市内に生活の場を得てきたが，他市出身の入所者のなかには地元に地域移行した人たちもいる。これは社会福祉事業団として，他市にもGHを新設して支援体制を整備し，親たちの安心を促すことで実現を図ってきた。社会福祉事業団という，母体が大きく広域自治体レベルで活動している法人を基盤としたA市での実践は，同じ法人の事業が他市で展開されていくに際して少なからず影響を与えてきている。もちろんすべての親

が，子どもがＡ市の施設を出て地元（親の近く）に戻ってくることに賛成したわけではないだろうが，Ａ市における「一生涯の支援」理念に基づく地域への移行実践は，運営母体である社会福祉事業団の特性を活かし，他市出身の入所者が地元に戻っても生涯にわたって地域生活を営めるような支援体制づくりへと，その実践がＡ市の枠を超えて拡大してきている。

(2) 知的障害者と親の間に立つ──地域での生活を支えるにあたって

　「一生涯の支援」とあるように，地域生活への移行実践は，入所施設を退所して地域で暮らすようになった時点で終了するわけではない。その後の地域生活を安定して継続していくための支援が併せて求められる。ここでも支援者は親に働きかけ，親とどのような関係を築いていくかを模索してきた。

　その際に支援者が基本としているスタンスが，契約の主体はあくまで知的障害者本人であるとして，知的障害者の側に寄り添い，権利擁護に取り組むことである。時には，知的障害者と親との間を取り持つようなかたちになることや，本人の権利という点で「逆にあまり接触を持たないほうがいいだろうなというご家族の方もなかにはいらっしゃる」（Ｂ氏）と感じられる事例が経験されている。こうした実践の蓄積からは，知的障害者と親との二者関係から，知的障害・親・支援者の三者関係に拡大するなかで，この三者のあらたな関係を形成していこうとする支援者の姿が垣間見える。

　そして支援者は，知的障害者と親の間に入ったり親と距離を取ったりすることのみに重点を置いているわけではない。「みんな親きょうだいなど，家族をすごく大事にしている」（Ａ氏）と知的障害者が親を大切に思い，関係を形成していくことへのニーズをもっていることもまた，実感している。

　本人と親との意見の相違や関係の悪化など，知的障害者の生活をめぐり親と支援者が協働していくなかでの困難さが現実として存在する。しかし短絡的に知的障害者と親との関係を離すのではなく，知的障害者のほうにも親を思う気持ちがあることを踏まえながら，支援者もいかに親との関わりを持っていくかを探っているのである。

(3) 新たな課題——知的障害者自身の高齢化

　そして近年では新たな支援課題が生じ，親と支援者の協働は新たな段階を迎えつつある。それが，知的障害者自身の高齢化や死亡に伴うことである。ケアの担い手の確保やケアのあり方だけでなく，親や他の家族がすでに亡くなっていたり連絡がとれなかったりする場合などでの，法的手続きの課題として現れている。

　A市センターでは，「一生涯の支援」の理念のとおり，知的障害者自身の高齢化や死に向き合うために，本人の年齢に関わらず早いうちから家族との関係を押さえていくなど，あらためて親との関係のとり方を見なおしてきている。また，具体的な対応として2010年代前半から顧問弁護士との契約を始めているが，これは先述のとおりA市センター家族会と費用を折半しており，互いに連携して対応する仕組みがつくられている。個別の家族への対応だけでなく，家族会と支援センターという組織レベルで協働して知的障害者の支援の仕組みをつくることで，「一生涯の支援」の実現につなげているのである。

2. 地域とのつながりづくり——地域レベルでの実践の視点

　A市の実践において掲げられてきた「一生涯の支援」とは，生活の場が施設から地域に移行しても変わらず支えを得られる／支え続けられることを目指すものであろう。実際，A市センターではGH運営を中心としながら，単身者，結婚生活者，通勤寮利用者，親元で暮らす人など，障害者の地域での多様な暮らし方を支えている。

　そして親たちが感じていたA市の暮らしやすさ，地域住民が知的障害者と自然に関わる風土を，A市センター職員やA市の行政担当者も実感している。そうした地域性が形成されてきた過程には，日常でのさまざまな相談や調整に対応する支援員や，その支援員の所属機関であるA市センターによる，地域内のさまざまな主体へのアプローチがある。

　A市で入所施設から地域生活への移行実践が始まった当初は，市内のさま

ざまな企業での雇用の拡大が図られてきた。その際に支援者は A 市センターが相談窓口となることを雇用主に伝え，定期的な職場訪問や職場担当者などとの情報共有・連絡調整を行い，知的障害者にとっても雇用主にとっても安心して雇用関係が続けられるよう，両者の間をつなぐ役割を果たしてきた。そうした実践が蓄積され，企業側も知的障害者の雇用のノウハウをもち，積極的な雇用を行っているところもある。さらに知的障害者の生活支援に熱心な企業経営者も多く，就労以外の面でも A 市センターとの連携が図られている。

　また市内に GH を設立していく際には，近隣住民への挨拶や自治会長への説明等を行い，何か気になることがあれば A 市センターに連絡してもらうよう伝え，特に実践の初期には職員が自治会に加入して，地域住民との顔の見える関係づくりを意識的に行ってきた。

　A 市センターは，知的障害者への直接的な支援だけでなく，知的障害者が日常的に関わりのある人々や組織等とも連携し，一人ひとりの個別的で多様な生活における総合窓口のような役割を果たしていることがわかる。そしてこのプロセスにおいて A 市センターが念頭に置いていたのは，他団体・他機関と連携し，「一法人だけじゃなくて，まちぐるみで支援を行っていこう」（B氏）と，A 市全体で知的障害者を支えるネットワークを形成することである。

　さらに，多くの知的障害者が A 市内で働き，また GH 等に住んで市内で生活していくことが浸透していくと，地域住民の方から空いている家や土地をGH として活用していくことの提案を受けることもあるという。また A 市は，若い世代の人々が進学や就職で市外に出ていくことが多い。市内のアパートも空き室が増えるなか，A 市センターの利用者がそこを借り，大家や近隣の住民に日ごろから挨拶を交わすなどして関係を築き，彼らが部屋を借りてくれて良かったといった声が寄せられることもあるそうだ。

　A 市内で知的障害者を支える多様なネットワークが形成されていくことで，その実践が知的障害者の生活を支援することにとどまらず，地域住民をも支えるものになっていることが示唆される。

3. A市センターと行政の協働——制度レベルの視点

　A市における入所施設から地域生活への移行の要となった通勤寮（現：A市センター）は，社会福祉事業団の働きかけによりA市が設置して社会福祉事業団に運営を委託してきたことから，当初は公立施設であり，その後に社会福祉事業団に移譲されて民営となった。そのため行政とA市センターの関係は深い。

　このプロセスを踏まえてA市行政は「福祉事業団がどっしりと根を下ろしてるというのがまず，それが何といっても大きい」（C氏）と社会福祉事業団の支援者の実践を評価し，A市センターがA市の障害福祉施策を展開するうえで重要な位置づけにあると認識している。同時にA市センターをはじめとした支援団体・機関の実践を支えるという行政の役割を捉えている。A市センターもA市行政に対して，「市自体が協力的」（A氏）で「市の職員も他と違って（障害者への）対応がうまいと思う」（A氏）と，その取り組みやA市センターとの連携について一定の評価を行っている。

　A市はこれまで述べてきた経緯から，知的障害者の地域生活支援という点で注目されてきたが，もちろん市内にはさまざまな障害をもつ人が暮らしている。A市センターもA市行政も，支援は障害種別を限定したものではなく制度の谷間をつくらないことを意識しており，A市行政がその立場を踏まえて行政としての役割を果たし，またA市センターも実情に合わせて実践の幅を広げていくことで，A市の障害者福祉全体の充実が図られてきている。

　そして1つの自治体としてA市の実践を捉えたとき，さらに大きな枠組みでの施策の展開がある。A市に設立された大規模な入所施設は，もともとは国の施策の流れを受けた，広域自治体レベルでの施設設立計画が発端でもある。またA市の独自事業も実施されてきているが，より広域の自治体レベルの独自事業や，現在でいえば障害者総合支援法における障害福祉サービス体系などの国レベルでの制度展開が基盤にある。しかし国から広域自治体，広域自治体からA市へと完全にトップダウン式に進められるわけではなく，A市の実践の他市への波及など，A市からのボトムアップ的な影響や働きかけ

もある。

　A市における地域移行・地域生活支援の実践が，地域生活支援システムの形成につながってきた基盤には，A市センターとA市行政の協働もある。A市における実践には，ケアのニーズへの応答を含む知的障害者の地域生活支援の体制をどのように重層的に整備していくかという，ケアの多元的社会化とその具現化における協働の1つのあり方が見出せる。

4.　地域を支える一員として知的障害者がもつ力 ── 地域・実践　レベルの視点

　最後に，A市の知的障害者の当事者組織について触れておく。A市ではこれまで述べてきた展開から，多くの知的障害者がさまざまなかたちで生活を営んでいる。入所施設から地域への移行が取り組まれた際，まちの中で暮らす知的障害者たちの交流や余暇の充実を図るため，知的障害者の当事者組織が発足した。A市センター職員のなかにこの当事者組織の担当者がおり，支援者のサポートを受けて会が運営されているが，その役員は知的障害者が務めている。また他市の当事者組織とつながりがあり，互いの交流や勉強会などを行っている。

　A市の当事者組織は，始まりは当事者同士の交流や余暇が主であったが，現在はA市のボランティア連絡会の加盟団体の1つであり，会の活動には特別養護老人ホームの窓ふきや市内の花壇づくりなどがある。また年1回開催される市の福祉まつりでは，団体として毎年出店しているほか，何らかの役割を担い，まつりの実行委員になる人もいる。若いメンバーの参加が多い当事者組織は，他の団体から当てにされていることもあるという。またA市の自立支援協議会の委員にもなっており，A市の地域生活支援システムや障害者福祉の発展に関わっている。

　A市では，知的障害者は「支援が必要な人」としてだけ居るのではない。第4章で知的障害者が母親を気遣い，自分にできることがあれば何かしていきたいという想いをもっていることを見たように，知的障害者は人を支えたい，地域や社会の役に立ちたい気持ちを，当たり前にもっている。A市の当

事者組織も，自分たちの生活のためにというだけでなく，Ａ市の住民の一人として会の活動を通して地域貢献を行っており，実際にＡ市のまちづくりを担う重要な主体となっている。

　その意味でもＡ市における知的障害者の地域生活支援システムは，知的障害者と親と専門職の支援者だけを中心とするのではなく，さまざまな主体との協働が拡大して形成され，また知的障害者自身も主体性を発揮して地域に関わりながらＡ市全体のまちづくりにつながっているのである。

第5節　Ａ市を事例としたケアの多元的社会化への展望

1．地域生活支援システムのなかでの「同居の選択」

　親たちにも，支援者や行政担当者にも「知的障害者が暮らしやすいまち」として実感され，地域住民も含めた多様な主体が支援ネットワークを形成し，さらに知的障害者自身がまちづくりの一端を担っているＡ市は，知的障害者の地域生活支援にとどまらないコミュニティが形成されているといえる。

　ここであらためて，親のみの視点ではあるが，Ａ市で知的障害者と親がともに暮らすことを考えてみる。

　「地域生活」や「在宅生活」の言葉は，入所施設の拡充路線と管理的な処遇に対比するように用いられてきた側面があるが，従来の家族規範と親によるケアが，これらの言葉の裏に埋め込まれてもきた。しかし地域生活とは，入所施設からの地域移行や，親のもとを離れてGH等で暮らすことだけではなく，家族と一緒に暮らすことも1つのあり方であるだろう。したがって地域生活支援とは，広くは知的障害者と家族がともに暮らし続けていくための支援を含んでいるといえる。ただしそれでも課題になるのが「自立」と「親亡き後」であり，知的障害者と親のそれぞれの内面においても，親子関係においても葛藤が生じることに留意は必要である。

　Ａ市における知的障害者の地域生活支援システムの形成は，知的障害者の意向や状況を踏まえながら，ライフステージのどの段階において，どのような社会資源をどのくらい活用していくかの選択可能性を拡げていくことにつ

ながると考える。たとえば，「家族が支援できるうちでも早い段階で，多くの
社会資源を活用しながら家族以外の支援者が中心となって支援していく」こ
とと，「家族が支援できるうちは，必要な支援をその都度組み合わせながら，
基本的には家族が中心となって支援していく」ことは，どちらも親と支援者
の協働のかたちであり，どちらかのみが良いということでは決してないだろ
う。また，この2つのことは完全に分離しているのではなく，むしろ重なり
合いながら，家族ごとにその時々の状況によって，どちらの比重がより多く
なるかが変化するのではないだろうか。そして，このどちらも選ぶことがで
きる状態であるには，そのための十分な社会資源があり，支援体制が整って
いることが必要になる。

　A市はA市センターを中核としながら，しかし単一の法人・センターのみ
が知的障害者の生活を支えるのではなく，多様な施設・機関の連携や地域住
民とのつながりづくりが重視されてきた。またA市センターでは，行政の委
託を受けて，他市を含めた広域的な支援事業も行われている。市全体として
地域生活支援のシステムが確立されてくるなかで，知的障害者やその家族を
支える多様な社会資源が創出され，それは同時に知的障害者の多様な生活の
かたちを重層的に支える可能性を生み出していると考えられる。

　A市育成会の親たちが抱いていた地域生活支援システムへの信頼は，親た
ちが漠然と将来への不安を抱きつつ，「A市でなら何とかなるだろう」とい
う，ある意味での安心感につながっている可能性がある。また親たちが現在
の生活にあまり困難を感じていないというのは，子どものケアのニーズの程
度ももちろんあるだろうが，何も課題がなくこれまでやってきたわけではな
いことも十分考えられる。

　そうだとすれば，地域生活支援システムが十分に形成されているからこ
そ，逆に親たちが大きな不安や困難を抱えずに子どもとの同居が選択・継続
できているといえる。ここに，親による支援が，従来の家族規範によるもの
とは異なり，地域生活支援のあくまで1つの選択肢として，意義をもって位
置づく可能性が見出せる。

2．A市の地域生活支援システムにみるケアの多元的社会化

　ここまで見てきたA市における実践および地域生活支援システムの形成を，ケアの多元的社会化の1つのモデルとして図5-11のように示した。

　まず個人レベルで見ると，知的障害者と同居して主にケアを担ってきた親たちは，A市センターの職員を中心とした支援者にその役割を移行していく。このケアの担い手の移行により，知的障害者と親とのケア関係は縮小し，新たに知的障害者と支援者とのケア関係が形成される。しかし知的障害者と親との関係がなくなるわけではなく，本人の状況に関する情報共有や相談など，

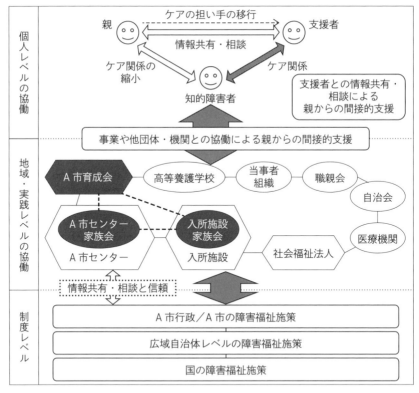

図5-11　A市の地域生活支援システムにみるケアの多元的社会化と「親による支援」

支援者との協働を通じて親は知的障害者と支援者のケア関係を支え，知的障害者の生活を間接的に支援することもある。

　また本人の生活を支える支援者との直接的なやり取りなど，個人レベルでの協働が強いものでなくても，家族会などの活動を通じた地域での実践レベルでの協働のかたちもある。家族会はそれぞれの団体の特徴を反映しながら，障害者総合支援法の事業としての障害福祉サービスの実施から独自の活動まで，さまざまな実践を通じ，知的障害者の地域生活支援の一端を担っている。またそこにおいて，Ａ市センターをはじめとした他の組織や団体と協働し，市全体としての地域生活支援システム形成につながっている。このように個人レベルだけでなく，組織として事業運営や他団体・機関と協働することで，知的障害者の地域生活を親が間接的に支えることもある。

　そしてこれらの協働，実践を支える制度レベルの基盤として，日本の障害福祉施策とその変遷があり，また広域自治体としての都道府県レベルの障害福祉施策，それらを受けながらのＡ市の障害福祉施策がある。本章ではこの制度レベルにおける親からの支援や協働については，あまり言及することができなかったが，全国的な活動として「手をつなぐ育成会」が要望・請願運動を通じて制度の展開に一定の影響を与えてきたように，Ａ市においてもたとえばＡ市育成会が市の障害者計画策定にあたっての意見表明を行うなど，親たちからの関与もある。

　重要なことは，Ａ市の地域生活支援システムが，1970年代前半からの長い実績の蓄積のもとに成り立っており，Ａ市全体の風土を含め，親たちにとって信頼できるものになっていることである。ケアの多元的社会化は，親に依存しなくても知的障害者が地域で生活していくための支援基盤の整備を志向する。そのうえで本書は，親や知的障害者の多様な状況や思いを踏まえた社会化のあり方を探り，「親による支援」を規範に縛られたものとは異なるかたちで選択可能なものとして位置づけ，フォーマルなサービスの活用も含めて個々の家族に応じた生活を支えていこうとするものである。したがって，「親による支援」が何らかのかたちで選択されていても，そうした状態の生活もまた支えられるのであり，親任せにして他の支援主体が関与しないことでは

ない。そして，「親による支援」は直接的なものだけではなく間接的なかたち
で成り立つ場合もあること，「親による支援」が必須であるわけではないこと
も，重ねて主張しておきたい。

　実際に知的障害のある子どもが親元からの自立を達成している場合でも，
同居している親たちのように自立プロセスの途中にいる場合でも，どちらも
支えるものとして A 市の地域生活支援システムが成り立っている。

　A 市の事例をはじめとして，知的障害者を支える制度が発展していくなか
で，特定の生活のあり方が固定化されるのではなく，知的障害者本人と家族
への相談支援体制の整備や，GH での生活，単身生活や結婚生活，親との在
宅生活などを包括的に支え，知的障害者の個々のニーズに寄り添った多様な
地域生活を支えるためにも，「親による支援」を位置づけたうえでのケアの多
元的社会化が重要である。

第6章 ケアの多元的社会化にみる親からの自立

　本書はここまで，ケアの担い手の移行も含んだ自立に対する知的障害者自身と親のそれぞれの思いを明らかにしてきた。またA市を事例に，知的障害者の地域生活支援システムにおいて家族会が果たす役割，支援機関や行政の役割を見てきた。そしてそれぞれの主体の協働のあり方に着目して，ケアの多元的社会化のあり方としての1つのモデルを提示した。

　本章では，あらためて親と家族外の支援者の協働のあり方を整理し，知的障害者の多様な地域生活を支えるシステムにおいて，「親による支援」が家族規範に縛られずに1つの選択肢として位置づくことを示す。そして自立プロセスの多様性を踏まえて「脱家族論」を再考したうえで，特に自立することへの知的障害者自身や親の消極的な気持ちにどのようにアプローチしうるか，その支援実践の視点を検討するとともに，知的障害者と親を包摂するコミュニティの形成を検討して，今後の知的障害者の自立支援の展望を示す。

第1節　親と支援者の多元的な協働

　知的障害者の自立支援，また親亡き後を見据えた地域生活支援においては，家族ケアの規範化を防ぎ，ケアを社会化していくことが求められる。そして「はじめに」で述べたように，ケアの社会化とは個人レベルでのケアの担い手の移行だけでなく，地域レベルでのさまざまな組織・団体等による実践や，さらに国（制度）レベルでの整備も含めた社会化であり，本書ではケアの多元的社会化として，その多元性を強調してきた。本節では多様なレベルで親が間接的に知的障害者の自立を支援し，「親による間接的支援」やそれも含め

た地域生活支援システムとそこでの協働について明らかにし，「親による支援」の意義を見出し，そうした協働のあり方を提示する。

1. 個人レベルでの協働——知的障害者の自立とケアの担い手の移行

　まず前提として，自立やケアの担い手の移行に対して親も知的障害者も，積極的な意識と消極的な意識の両方をもっている。そして，親からの働きかけが知的障害者の自立意識を引き出したり，逆に知的障害者の意識の変化や親にとって思いもよらなかったような子どもの一面が親の自立意識を引き出したりする。自立意識には，個人の内面から自発的に生じるだけでなく，相互作用を通じても醸成されるという，能動性と受動性の混在がある。また一方では，自立に対する消極的な気持ちが，それに触れた相手にとっても自立へのためらいや葛藤につながる面もある。

　親と知的障害者は，どちらも自立に向けた積極的意識と消極的意識という両義的な意識をもちながら，相互作用を通じてそれぞれの親子（家族）に固有の自立プロセスを経ていくのであり，一人の人間としての気持ちの揺らぎや個々の家族の個別性を踏まえて自立をとらえる必要がある。

　またこれらの親と知的障害者の相互作用や意識の変化は，家族内だけで自然発生的に生じるわけでもない。家族会や知的障害者の当事者組織を通じて他の家族の様子を知ることや，その他さまざまな人々と出会い関わることが，親子関係の捉えなおしにつながっていく。また支援者が親と知的障害者の間に立ち，時には親へのアプローチを行い，知的障害者・親の二者関係から，知的障害者・親・支援者の三者関係へと拡がっていくなかで知的障害者や親の意識の変化が促されていく。知的障害者と親がともに意識を変化させながら自立に向かっていく，またそのプロセスにおいて家族が社会とつながりを持つことで閉鎖性を弱めていくためには，家族内部からの力動だけでなく，家族外部からのアプローチも求められるのである。

　そしてその際の，親と家族外の支援者との具体的な協働のあり方が次の課題となってくる。親たちが知的障害のある子の自立を考える際には，知的障

害という特性が強く意識されている。本人が表明するニーズを周囲がどのように汲み取って応えていくか，また本人が表出しづらい・自覚しづらいニーズにどのように周囲が気づいて意思表明・自己決定を支えていくかは，知的障害者の生活の質に関わる重要事項の 1 つである。そのため親たちは，自身のケア役割を縮小して他の支援者がケアを担っていくことになる際に，それが誰でも良いわけではなく，X 法人の設立者である母親のように自分なりに「見極めて」いる。そこには A 市育成会の親たちが意識していたように，親自身の支援者への評価ということとと，知的障害者にとって信頼できる存在が誰かということとの両方が含まれる。

　藤原（2023：27）は障害児・者の母親がケア役割を手放せない要因として，生命を守るために必要なケアに加えて QOL（生活の質）を追求したいという点，子どものアドボケーターであり続ける必要性，障害者福祉の現場が深刻な人手不足に陥っていることによるケアの質と量の担保の面の 3 つを指摘する。この指摘を踏まえれば，知的障害という特性が，「親の責任」という親の役割意識に影響を及ぼしており，ケアの担い手の移行において親と支援者の協働がうまくいかなければ，自立に対する親の消極的な意識はより強まるだろう。またこれは，支援者の力量という個人的課題でもない。家庭内でのケアは親と子の 1 対 1 に近い状況であったが，グループホームなどの集団生活では 1 人の職員が複数の入居者に対応する。また支援者の交代や異動で人間関係が広がるぶん，そのことが本人とケアの担い手との安定的な関係を形成することの難しさにつながるといった課題がある。親たちの自立への消極性は，こうした体制面への不安としても生じている。

　また親たちはケアの担い手を移行しても，支援者との情報共有や相談を行ってこれまで見てきた本人像を伝え，支援者が知的障害者と関係を形成してニーズを汲み取ることを可能にすることで，知的障害者のケアが十分になされて生活の質が維持向上されるよう，間接的に知的障害者の生活に関わっている。またそのことを自身の役割として認識している。

　親たちの役割意識は，いわゆる家族規範の一端と捉えることもできるだろう。しかし本書では，むしろ地域生活支援システムによる支援者・支援機関

の実践を親たちが評価しているからこそ，安定して子どもとの同居生活を営み，親が支援できるうちは子どもと同居してケアを担う選択につながり得ることを見出してきた。やや視点は異なるが，植戸（2019：124）が子どもの世話に熱心な母親のなかにも，子の世話や自立に向けた働きかけに積極的な意味を見出している母親がいて，「『熱心に世話をすること』自体が問題になるわけではないという可能性」を指摘している。そして「『母親が子の世話にどのような意味づけをしているか』，あるいは『母親が他者や社会とどのようにかかわろうとしているか』といった要因が，『社会的ケアへの意向に向けた相談支援』において注目すべきポイントとなるであろう」と提起している（同上：124）。

　ケアの多元的社会化の視点に基づいて個人レベルでの親と支援者の協働を見た時，そのあり方は，支援者や支援体制への信頼に基づいて，親がゆるやかに支援者と協働しながら知的障害者と同居してケアを担う場合もあれば，ケアの担い手を移行しても親が支援者との情報共有や相談などの協働を通じて，間接的に知的障害者を支える場合もあることを含んだ，多様に展開しうるものであるといえる。

2．地域レベルでの組織的実践における協働──地域生活支援システムにおける家族会

　親たちはそれぞれの家庭での知的障害者との個別の関係だけでなく，家族会や法人などの団体による事業展開，またそれらの団体への参加・関与を通じて知的障害者の生活を支えている。この地域レベルでの実践としての親たちの活動は，他団体などと協働しながら知的障害者の地域生活支援システム形成につながっている。

　上野（2011：12-18）は介護保険事業下でのケアサービスの提供主体に関して，「国家／市場／市民社会／家族」を言い換えた「官／民／協／私」の四元図式を用いて，NPO を含む協セクターが当事者ニーズに最も近い位置にいて，先進的な事業モデルを創造する役割を果たしてきたことから，協セクターへの期待を示している。本書でいえば家族会等の団体は「協」セクターに位

置づき，知的障害者の地域生活支援システムにおける民間団体としての実践
の意義も指摘できる。

　家族会による地域レベルでの組織的実践は，知的障害者への生活支援事業
として現れている。法定事業である障害福祉サービスから団体の独自事業ま
で，内容も規模もさまざまであるが，だからこそ知的障害者の多様なニーズ
に対応していける厚みが生まれる。そして家族会のメンバーと資源だけで事
業のすべてを賄うのではなく，既存のつながりを基盤としてそこから拡大し
ていったり，自ら積極的に新たなつながりを作っていったり，行政や他の組
織・団体から依頼を受けて連携を図ったりと，家族以外の人々や他の組織・
団体との協働がなされている。またその際の家族会同士，会員である親同士
の協働は，親への個別支援につながっている。

　さらに家族会の実践は，団体として知的障害者と支援者のケア関係を支え
る，第三者的な役割を担っている。こうした独自の役割を担いながら他団体・
機関と協働することで自らの実践も地域内の社会資源の1つとして位置づ
き，地域全体での支援基盤の形成に寄与しているのである。

　また団体の運営においては，親同士が協働することの意義とともに「親だ
けにはならないように」することを意識して，いかに親以外の人とつながっ
て輪を拡大していくかも重要な要素の1つとなっている。多くの家族会が会
員数の減少や高齢化と参加者の固定化の課題を抱える中で，運営における支
援者や支援団体との協働は，団体の維持発展の意味でも大きな意義をもって
くる。

　家族会等の団体として知的障害者の地域生活を支えることにおいては，
個々の会員である親たちが知的障害者に直接関わる部分は少なく，間接的な
支援が主になる。しかしその際に各団体の運営から地域全体の支援体制基盤
の形成に至るまで，親たちだけで担うのではなく，また親たちが完全に離れ
てしまうのでもなく，他の支援者・団体と協働することで知的障害者の多様
なニーズに対応しうる仕組みにつながっているのであり，地域レベルでの組
織的実践においても親による支援の意義が見出せる。

3. 制度レベルでの協働——制度整備への要望・請願運動と 当事者参画

　制度レベル，特に国の政策レベルという点で，親が家族外の人々あるいは団体等とどのように協働してきたかは，他の次元に比べて明確に議論できた部分は少ないが，第3章で見たように日本の知的障害者福祉制度が整備されていく展開においては，親の会である「手をつなぐ育成会」を中心とした家族会からの要望・請願運動が大きな影響を与えてきた。もちろん，知的障害者の当事者活動も同様である。

　また，政策決定過程における当事者参画も制度レベルでの協働といえる。2005年に障害者自立支援法の制定と関連し，内閣総理大臣が障害者基本計画案の作成または変更の際の意見具申を行う機関として内閣府に設置された中央障害者施策推進協議会（2005〜2009年）では，最初の委員に社会福祉法人全日本手をつなぐ育成会（当時）の役員と，東京都手をつなぐ育成会本人部会の役員が選出されていた[*1]。

　2009年には，障害者権利条約の締結のための国内法の整備などに向けた障がい者制度改革推進本部が設置された。同本部が意見を求めるために開催されたのが，障がい者制度改革推進会議（以下，推進会議）である。ここには社会福祉法人全日本手をつなぐ育成会（当時）の役員と，当事者団体であるピープルファーストの地域団体の役員が構成員として選出された[*2]。特に，それまで国レベルでの会議において知的障害当事者の参画がなかったため，注目された（三田 2012：69）。

　また2010年には推進会議の部会として，障がい者制度改革推進会議総合福祉部会と，差別禁止部会が設置された。総合福祉部会の委員には，同じく手をつなぐ育成会役員，ピープルファーストの地域団体役員と，手をつなぐ育

[*1]　内閣府「中央障害者施策推進協議会委員名簿」https://www8.cao.go.jp/shougai/kyougi/1nasi.html（2022年9月12日閲覧）

[*2]　内閣府「障がい者制度改革推進会議構成員名簿」https://www8.cao.go.jp/shougai/suishin/kaikaku/s_kaigi/k_1/pdf/s1.pdf（2022年9月12日閲覧）

成会の「本人によるみんなで知る見るプログラム委員会」委員が選出された[3]。なお推進本部ならびに推進会議は 2012 年に廃止され，それに伴い総合福祉部会も同年に廃止された。

　2011 年 8 月の障害者基本法改正では，内閣府に，障害者基本計画の策定または変更に当たって調査審議や意見具申を行うとともに，計画の実施状況について監視や勧告を行うための機関として障害者政策委員会が設置されている。2012 年 7 月 23 日に第 1 回委員会が開催され，第 1 期の委員には，社会福祉法人全日本手をつなぐ育成会（当時）の役員とピープルファーストの地域団体の役員が委員に選出されている。その後，2014 年からの第 2 期委員，2016 年からの第 3 期委員，2019 年からの第 4 期委員，2021 年からの第 5 期委員のいずれにおいても，全国組織としての手をつなぐ育成会[4]の役員が委員に選出されている[5]。

　もちろん，実際にこれらの委員がどこまで意見を表明でき，それが反映されているかといった参画のあり方の検証は必要であるし，特に知的障害者の参画についてはそもそもの機会確保の課題もある。後者の点は，自治体の障害者計画および障害福祉計画策定過程における知的障害当事者の参加・参画を分析した遠藤（2010：75-76）においても，当事者委員の障害種別として知的障害が最も少なかったことが指摘されている。

　また前述の総合福祉部会の部会長の一人であった茨木は，さまざまな立場の委員が参加して議論が行われるなかで，特に立場が鮮明に違うと思ったのが，知的障害のある本人の思いと，家族の思いの違いであったという（茨木2014：23）。本書は主に親の立場に軸を置いて，知的障害者の地域生活に対す

＊3　内閣府「障がい者制度改革推進会議総合福祉部会構成員名簿」https://www.mhlw. go.jp/bunya/shougaihoken/sougoufukusi/dl/bukaimeibo.pdf（2022 年 9 月 12 日閲覧）

＊4　第 3 章で見たように，手をつなぐ育成会は法人格や団体名称が変化してきたため，ここではこのように表記した。

＊5　障害者政策委員会委員については，内閣府「障害者政策委員会」（https://www8.cao. go.jp/shougai/suishin/seisaku_iinkai/index.html，2022 年 9 月 12 日閲覧）にて，第 1 回（2012 年 7 月 2 日），第 13 回（2014 年 9 月 1 日），第 30 回（2016 年 10 月 21 日），第 41 回（2019 年 1 月 25 日），第 54 回（2021 年 3 月 22 日）のそれぞれの資料を参照した。

る「親による支援」を見てきたが，それは親以外のさまざまな主体が関わって知的障害者の地域生活が支えられていてこそ，意義をもつものである。またその際の，あるいはその体制を作っていくための，親とその他の主体の協働であるが，それは親が知的障害者の意見をすべて代弁することではない。

　知的障害者も含め，障害者の尊厳を守り安定した生活を保障していくための政策決定過程において，身近な家族の立場から意見を発して他の主体と協働していく意義は大きい。しかし同時に，家族会の意向と知的障害者の意向が同じとは限らないことに，家族会自身も周囲の人々も自覚的である必要があるだろう。そのためにも知的障害者が参画してお互いの意見を聞き，対話を重ねていくことが必要であるし，知的障害者が「いかに他のメンバーと同様に，情報を共有し，わからない場合にその事実を表明できる機会が保障されるか」（三田 2012：71）を，知的障害者とともに考えていくことが必要である。

4．生活を複合的に支える

　自立生活運動で提起されてきた「脱家族論」は，障害者が生活するうえで，ケアをはじめとしたさまざまな支援の担い手が家族（特に親）に固定化されてしまうと，障害者が自分らしく自立した生活を営むことが阻まれることを指摘してきた。では家族以外の人々がケアを担えばそれで良いかというと，安定した支援基盤が未整備でケアの担い手が限定されたり，担い手がそもそも不足したりするようであれば，それはやはりケアの受け手と担い手の関係を閉鎖的にしやすい。また長年のケア関係の蓄積は，ニーズを理解しやすくなる利点があるが，その相手のことを「理解している」という意識が強くなると，担い手側の思い込みによるニーズの理解にもなりかねない。

　同様のことは知的障害者の生活支援を担う組織・団体にもいえ，地域の中で特定の組織・団体のみがケアの提供主体であると，一人ひとりの多様なニーズへの対応は困難が生じやすい。地域住民の一人として生活していくという意味でも，特定の組織・団体との関わりだけでなく，さまざまな主体とつながりがあることが重要になる。また障害福祉サービスの内容をはじめと

し，さまざまな障害福祉施策の決定過程において特定の立場の人のみの参加・議論では，障害者の生活実態の把握やニーズへの対応に偏りが生じかねない。

　個人，地域，制度の各レベルにおいて，親だけが知的障害者の生活を支える主体なのではない。むしろいかに親以外の主体が関わるかが重要である。またその際の親との協働のあり方は１つではない。一人の人の地域生活におけるさまざまな生活場面，ニーズに応答するサービスの選択や利用手続きは複雑に重なり，フォーマル・インフォーマルな支援の双方を含め「家族がそれらをつながなければ，パーツパーツのサービスでは，人を支えることにならないのであり，子どもが親元から自立してもなお母親の介在が求められる所以は，この点にある」（藤原 2021：198）。先に，支援者が知的障害者の立場に立って，親の意識の変化を促すことでかたちづくられていくような親と支援者の協働を述べたが，「親があまり関わらなくてもよい（またそれを可能にする）」ような協働も模索される必要がある。なおこれは別の面では，親と知的障害者の協働を支援者がどう支えていくかという課題を見出すこともできる。この点は後ほどもう少し取り上げていく。

　さらに個人，地域，制度の各レベルはすべてつながったものであり，各レベル間の影響を見据えていく必要がある。知的障害者が誰に，どこで，どのように（どのような）ケアを受けるかの選択肢は本来多様であるべきである。そのためにも個人，地域，制度の各レベルでの取り組みが，他のレベルの取り組みに連動していくことはもちろん，特定の主体だけではなく，各レベル内でも多様な主体が協働し，一人の人の生活を複合的に支援していく必要がある。

第2節　親からの自立としての「脱家族論」の再考

1．親による支援も1つの選択肢となりうる可能性

　親と支援者の多元的な協働を踏まえて，本書の問いである「『親による支援』が家族規範に縛られたものではないかたちでの，1つの選択肢として位

置づく可能性」は，どのように見出せるだろうか。

　公的施策をはじめ，地域で知的障害者の生活を支える体制が十分でなく，知的障害者もその親も地域社会から孤立しやすい状況では，「親による支援」は知的障害者の親への依存的状況を生み出す。また社会が知的障害者の生活を支援する責任が回避されている。これらには「親がともに暮らしてケアすべき」との家族規範も根強く影響している。この状況下では，親亡き後にどのように知的障害者が生活していけるかの課題や親たちの不安が解消されず，時には親による子の殺害・心中事件が生じてしまう可能性も高い。

　知的障害者への公的施策が整備されるようになると，当初は入所施設の拡充が図られたように，親亡き後の課題を解決するものとして入所施設が大きな期待をかけられてきた。知的障害者の居住の場ともなり，専門職員による24時間365日のケア体制がある入所施設は，親によるケアの代替を可能にしたといえる。特に親がケアを担い続けることによる親の負担が顕在化するようになり，入所施設の必要性も注目され，「親がケアすべき」との規範はやや解消の兆しもあったといえる。しかし入所施設は山あいなど地域社会から離れた場所に設立されることが多く，外出の機会が少ないなど管理的・閉鎖的構造の課題が指摘されてきたように，地域社会から知的障害者を排除する一面もあった。

　身体障害者を中心とした自立生活運動に端を発し，またその後の地域生活支援，自立支援へと施策が展開してきたなかで，「親による支援」の別の課題も顕在化してきた。それが，親による知的障害者の家庭内の「囲いこみ」であり，親のほうが知的障害のある子どもの自立を「できない」と捉え，自立の阻害につながってしまうことである。この背景には，入所施設から地域生活支援へと障害福祉施策の重点が転換しても，逆に親によるケアが暗黙の前提になっていた面がある。また親たち自身が家族規範を内面化していることもある。このような状況において，「親による支援」にはやはり，規範的な性質が強く現れている。

　しかしA市の事例でみたように，地域全体で知的障害者を支える基盤が整備されて地域生活支援が成熟し，またそのことを親が実感し，地域住民が知

的障害者と自然に暮らす状況がつくられているとき，親がケアすべきとの家
族規範を弱めることが可能である。ここにおいて，親が個人あるいは組織・
団体の一員として他の主体と協働し，親からの自立も含めた知的障害者の地
域生活支援に関与する時，あらためて「親による支援」が1つの意義ある選
択肢として位置づく可能性がある。すなわち，地域生活支援システムが形成
されているなかでこそ，「親による支援」が1つの選択肢になり得る。なお藤
原が指摘するように，地域生活支援を捉えるにあたり，福祉サービスをはじ
めとした各種社会資源の充足度は地域によって格差が大きい（藤原2016：2）
ことは留意する必要がある。

　また藤原（2016：6）は「家族機能や家庭事情に委ねるのではなく，障害者
の成人期の暮らしに地域がどれだけ関与することができるのか」を提起し，
「成人期という長いライフステージ上には，家族がどこまで，社会的支援はど
こからという線引きができない状況が作られがちである」（同上：7）ことを
指摘する。幼児・児童期に対して成人期の期間の長さや，親からの自立やケア
の担い手の移行に関する明確な時期設定をすることの難しさがあり，知的障
害者の親からの自立は，各家庭の固有性が高まりやすい。また親がケアをは
じめとする役割を縮小しても，間接的に知的障害者の生活を支えていく余地
が現実的に残っているし，そのことがもつ意義もある。親からの自立を含め
た知的障害者の生活が，親からの間接的な関与によっても支えられているこ
とをあらためて位置づけたうえで，支援のあり方を考える必要があるだろう。

　社会全体で知的障害者の地域生活支援を志向し，その際に知的障害者と親
の個別の関係や両者の思いを踏まえながら親と支援者の多元的な協働を模索
することで，家族規範に縛られるのではなく，1つの選択肢としての「親に
よる支援」が成り立ち，知的障害者のより多様な地域生活を支えうるといえ
る。

2．知的障害者の親からの自立と「脱家族論」

　身体障害者を中心とした自立生活運動とそこでの「脱家族論」は，ケアを
含めた家族規範や親の過剰な愛情（ときにそれは障害者差別の意識も含んで

いる）が障害者の主体性を抑圧していることを明らかにし，親からの自立を強く打ち出してきた。一方で，第1章で見たように，知的障害者に関しては「脱施設」に対して「脱家族」への言及が少なかった。また親の完全な否定でもなく障害者自身の複雑な思いもある。しかし「親が一番の敵である」ことのもつインパクトが大きいがゆえに，障害者自身の迷いや気持ちの揺れ動きが見えづらい部分がある。また自己決定が強調されることで逆に知的障害者や精神障害者が追いやられる可能性も指摘され*6，いわゆる「強い自己像」の面が強いものであった。

　石川（1995）は自立生活運動において「脱家族」の主張のもとに描かれた親たちは，いたずらに社会のエージェントとして子どもを愛し，監視し，責任を負い続ける人々であったとし，それに対して親たちが自らの認識枠組みの差別性を知ってそこからの解放をめざす可能性はないのかとの疑問を示している。また下尾（2018）も，障害者に対する親の抑圧性は親自身によって自覚される必要もありつつ，親たちのある行動を切り取って障害者を「無力化する社会の一員」であることを強調してそこにくくってしまうことの弊害を指摘する。

　本書は知的障害者の自立に焦点を当てて「脱家族論」を再考することを根底に据え，ケアの多元的社会化における親と家族外の支援者との協働から，地域生活支援システムのもとでの「親による支援」の位置づけを見てきた。知的障害者が親元から離れて生活していくことに，本人よりも積極的に取り組む親や，親元を離れることに消極的な知的障害者もいる*7。また自立に対する両義的な思いを抱きながら，日々を営む親や知的障害者もいる。そうした家族の実情があるなかで，「家族（主に親）から脱する」ことばかりが言われ

---

*6　たとえば横須賀（1992）でこの点が明確に述べられている。
*7　岩橋（2008）は，知的障害者が地域でひとり暮らしをするプロセスと，そこにおける著者自身も含めた支援実践について紹介している。そのなかで親元から離れてひとり暮らしに至った例には，「本人の意思ではなく親の限界」（岩橋2008：88），「家族という単位が成り立たなくなった」（同上：100），「親が長年自立生活を望んできた」（同上：113），「本人の意思」（同上：122）など，親元からの自立にも多様なプロセスがあることがわかる。

ることは，かえって知的障害者が地域で生活していく際の選択肢を狭めてしまうことになりかねず，親子関係を多面的に捉えながら自立のあり方を検討する必要がある。

　また知的障害者が親からの自立を実現していくとき，それは親からの関与を強く排除した「脱家族」ではなく，地域生活支援システムのなかで親が何らかのかたちで間接的に知的障害者の自立生活を支えるという点で，「親による支援」が意義をもちうることがある。これらのことから，親からの自立としての「脱家族論」とは，親が関与するか，しないかという「モノクロの脱家族論」ではなく，各家族の個別性を反映した「グラデーションとしての脱家族論」として成り立ちうるといえ，このことにいっそう目が向けられていく必要がある。

　そして知的障害者にも，大切な家族のケアに関わりたいという想いがあることを踏まえて，自立やその支援を考えていく必要もある。その意味では，「親による支援」すなわち親から知的障害者への働きかけだけでなく，「知的障害者による支援」すなわち知的障害者から親への働きかけも当然ありうる。「脱家族論」のまさに「脱」（脱していく）部分，あるいは逆に「脱しきらない」部分は一方向的なものではないことが，今後さらに検討される必要があるだろう。

　ただし「ケアをしたい」「親とともに居たい」という知的障害者の意思表明を慎重に受け取る姿勢もまた必要である。知的障害者はその障害特性から，自身が経験していないことへのイメージが湧きづらく，周囲から何かしらの提案がなされても，それらの選択に結びつきづらいことがある。つまり「親元を離れた経験がない」から「親と暮らし続けたい」という意向が示され，その意向に基づいて「親元を離れない」という選択が循環し続ける場合がある。

　これを解消し，従来の家族規範から一線を画すためにも，親に頼らずに知的障害者が生活できるような地域生活支援システムが必要なのである。その際には，「自立する者の家族とその自立を支援する者との関係はそもそも奪い奪われる者の関係」であり，支援者の側から親との同居の期限を区切るほうがよい（岡部 2008：153）ことがあるように，家族の外部からの自立に向け

た働きかけも必要である。あわせて，親との同居が多様な地域生活を支えるための1つの選択肢となりうるのであれば，親元から離れた生活の場も多様でなければならない。たとえばグループホームもあくまで選択肢の1つで，終の棲家ではなく次の生活への移行に向けた中間施設としての側面があるし，ひとり暮らしや結婚・子育てを支える基盤も同時に整備される必要がある。

　本書は，ケアの多元的社会化において「親による支援」を必須のものとして位置づけているわけではない。ニーズの汲み取りを含んだ知的障害者の支援は，親でないと難しいのではなく，家族を取り巻くさまざまな環境から，構造的に親でないと難しい状況がつくり上げられていると考える。実際にこれまで見てきたような親たちの実感として，親でないと難しいとの思いはあったが，そうは思わない親も一定数いた。親でないと難しいというのは，親だからというよりも，これまでに知的障害のある子どもと関わってきた密度の濃さと時間の蓄積からくるものであり，親という立場に本質的に備わっているものではないだろう。また長く知的障害者と関わってきたからこそ，知的障害者への見方がある意味では固定化して，見えなくなる面もあると考えられ，本質的に親でないと難しいことはないと考える。

　「親による支援」の意義はありつつも，それは必須ではなくあくまで1つの選択肢である。またその支援のあり方として，親が中心的にということではなく，ゆるやかな協働のもとで間接的に支えるあり方がある。知的障害者の多様な地域生活を支えるための選択肢の1つとして「親による支援」が位置づき，それが家族規範に縛られたものにならないよう，「グラデーションとしての脱家族論」が成立するには，地域生活支援システムの形成が同時進行で求められるのである。

第3節　知的障害者の「自立」支援の今後に向けて

　最後に，「グラデーションとしての脱家族論」を踏まえて，地域における知的障害者の自立支援の今後のあり方を検討する。

1．現代における知的障害者の自立支援の視点

　親からの抑圧を顕在化し「脱家族」を主張してきた自立生活運動が台頭した当時に比べ，知的障害者への公的な生活支援施策は，入所施設から地域生活支援へと重点を転換しながら整備されてきた。「制度による支援の充実」が成人した知的障害者とその親の生活様式や親子関係にどのように影響しているかを分析した中根は，「平日昼間の通所系サービス利用」と「夜間と週末の家族による無償介護」の組み合わせとしての「通所施設中心生活」が平均的な生活様式となっていることを指摘し，これは，財政アクターの通所施設を優先して支給決定を出す特性と，事業者の経営方針が組み合わさり，さらに親アクターの「家族のリアリティ」の確保という複数のアクターの調整の結果であるとする（中根 2017：69-70）。

　つまり制度的な支援がそれなりに充実してきていることで，知的障害者が通所系サービスを利用しながら親元で暮らし続けることが安定し，親との同居の継続につながっている可能性がある。本書の議論でいえばこれも1つの地域生活のかたちであるが，重要なのはこれが最善なのではなく，その他の選択肢がきちんと保障され，知的障害者と親が地域で孤立せず，安定した支援体制のもとでニーズに応じて生活様式を変えていけることである。また制度が充実してきてはいるが，たとえばグループホームに入居しても，そこで生活を継続できずに親元に戻る事例（松永 2015；染谷 2020）もあるし，親亡き後の不安が完全に解消されているわけでもない。

　そうした現状において知的障害者の親からの自立を支援していく際に，規範として自立を促すのではないかたちでのアプローチが求められる。たとえば藤原（2017：167-168）は，「分離」というよりは暮らしのバリエーションを増やすなかで自立に向かっていくという，生活の場の緩やかな移行という支援の可能性を示唆している。そして，親からの自立に向かっていく際には，その時期や方法を本人や家族が選択することが第一義的であり，子どもとともに暮らしたいという親の願いや，親の側にいたいという子どもの希望も尊重されるべきであり，親が子どものケアを担えなくなる前に親子分離すべき

との発想では，在宅への支援のあり方や家族の困難を解消する方策を検討する余地が欠如してしまい，早期に親子の分離を進めることが現実的な判断となる場合もあるが，知的障害者自身と親が選択する分離の時期やタイミングに制度が対応していく必要性を指摘している（同上：167-168）。

　また田中（2017：177）も，成人期の障害者のケアの責任を親，特に母親に課し続けるという社会の仕組み自体を変える必要を指摘しつつ，これまで主にケアを担い続けてきた親に「自立」を突きつけるのは「酷」でもあり，子どもと親それぞれの自立を目指すだけではなく，「ケアする家族」を想定した社会的支援，具体的には親がケアの担い手としての役割を少しずつ縮小させながら，自分の老いやケア役割を降りることについて向き合うための緩やかな期間と社会的支援の必要性を提言している。

　他にも下尾（2018：234）は，知的障害者の母親たちが，親元を離れた生活としての自立の普遍的な理想像とは別なこととして，「わが子」個別の自立生活像を模索していることを明らかにし，「オーダーメイドの自立生活」がカスタマイズされるために，用途に縛られない原資と，本人の希望を第一にしつつ，家族も支援者もすべての人の希望が自由に語られる環境が必要であると指摘している。

　さらに染谷（2019：108-109）は親が高齢期を迎えた重度知的障害者の母親における"離れ難さ"の解明を試み，どこまでのケアが誰によって担われているのかに関して，どこに「線」を引くべきかを考えあぐねている母親の姿を見出し，「家族ケア／社会によるケアという二項対立にとらわれず，しかし同時に常にケアを必要とする重度知的障害者の特徴をないがしろにせず，母親との関係性を明らかにしていく必要がある」とする。

　親によるケアか社会的なケアかといった二元論的視点で両者を切り離すのではなく，連続性のあるものとして捉え，規範とは異なるかたちでの「親による支援」（それは絶対でも不変でもないものである）が成り立つことを視野に入れた上での，社会的な支援体制の整備およびそれと連動するかたちでの知的障害者と親へのアプローチが求められているといえる。

2.　知的障害者と親へのアプローチ

　知的障害者と親にはそれぞれ，離れることとそれによる新たな生活への不安や寂しさなどから，自立に対して消極的な面がある。「グラデーションとしての脱家族論」に基づけば，これらの消極的な気持ちを否定するのではなく，まずは受けとめて寄り添うことが求められる。そしてそれは現状を変えないということでもない。知的障害者や親が自立に対して消極的な気持ちがあったとしても，「自立したくない」わけではないだろう。先に見たように知的障害者と親だけで意識を転換して自立に向かうことは容易ではなく，支援者からのアプローチが必要である。知的障害者と親のこれまで・現在・これからの生活に対する思いを丁寧に聞き取りながら，自立後の生活について知的障害者と親がそれぞれ考えられるような機会をつくったり，親子が離れて過ごす機会をつくったりと，日常での親との協働を積み重ねて自立プロセスを支えていく。このとき，支援者自身の家族規範意識を十分自覚しておくことも必要である。

　そして親との協働を可能にし，自立に向けた親の意識転換を促していくには，親と支援者のあいだの信頼関係が重要になる。大野（2019：101）は，手をつなぐ育成会の視点から知的障害者に課せられた「自立の枠組み」の存続要因を分析し，施設や支援従事者への親の不信感，さらにその背後にある障害者政策そのものへの不信があることを指摘する。親は，ニーズの汲み取りを含めた個々のケアの質や全体的な支援体制がどうかなど，離れた後の知的障害のある子どもの生活に見通しや安心感をもてないと，何よりも支援者や組織体制等への信頼感をもてないと，ともすればケアを抱え込んでしまう。

　親がこれまで知的障害者に関わり，形成してきた関係を否定・批判するのではなく，なぜ自立に対して消極的なのかに目を向けて寄り添っていくことが必要である。支援者個人や，一組織で抱え込まず，支援者同士のネットワーク，他団体・機関とのネットワークによる地域での安定した支援体制を形成し，親がそのことを実感できるようにすることも重要だろう。

　また知的障害者は意思の確認やコミュニケーションに困難を抱えやすく，

支援者が知的障害者のことを十分理解してくれているかが親の不安の1つである。さらに本書では，知的障害者自身が家族以外の人をどれくらい信頼できるかも，親が抱く役割意識に影響していることを示した。したがって支援者は，知的障害者を理解していくためのアプローチと同時に，知的障害者から自分を理解してもらう，信頼してもらうという視点をもったアプローチが必要である。この2つは表裏一体のものであるが，知的障害者のように当事者自身が自分のニーズをはっきり認識し，表明することに困難が生じやすい場合，彼らの意思表明・決定を支え理解していく，あるいは知的障害者自身が意思表明する力をつけることに目が向けられやすい。寺本が知的障害者と支援者の関係を「介助者が当事者に合わせると同時に，当事者が介助者に合わせている」（寺本 2015：63）と表したように，知的障害者も自分に関わる相手が誰かによって，振る舞いや表明することを変えて，あるいは変わって，あるいは変えざるを得ず，日々を営んでいる。

　知的障害者から支援者への信頼の度合いや内容を客観的に測ることは容易ではないが，知的障害者にとって「自分の弱い部分も含めて認めてもらえると思えるような関係性」（村岡・寺川 2013：83）を形成することがその1つだろう。頼っても良い，頼ることができると思われる支援者になることで，知的障害者が「親から離れてもやっていける」との安心感を持ち自立意識が醸成されていく。また支援者がこうした視点を持って知的障害者と関わる姿が，親からの信頼につながっていく。

3. 問題を社会に返す――知的障害者と親の協働と，それを支えるという視点

　自立に向けたアプローチを含め，支援者が知的障害者と親と関わっていく際に，知的障害者のニーズと親のニーズがぶつかり合う，逆に知的障害者と親のニーズが過度に一体化することで，支援者が板挟みとなり葛藤が生じることが往々にしてある。もちろんケアの受け手である知的障害者のニーズが第一義的で，主体は知的障害者であり，親の意向が優先されてしまうことでの抑圧や自立の阻害はこれまで言われてきたとおりである。したがって支援

者も知的障害者の意思を尊重し，知的障害者にとってより良いかたちの支援
を考え実践することが大切である。

　しかし必ずしもそうできない現状もある。重度知的障害者の通所施設の職
員の板挟み状況に関して分析した岡田は，保護者の存在感が大きい重度知的
障害者通所施設において，職員が保護者のケアを重視し，保護者の要望を優
先することが見られ，「必ずしも利用者本人を中心にできないと職員に『語ら
せる』構造を明らかにし，問題化すべき」（岡田 2016：62）という。

　重要なのは，知的障害者，親，支援者の三者関係における支援者の葛藤に
は構造的背景があることである。これは知的障害者と親との関係においても
同様であり，ここに目を向けたとき，知的障害者と親のニーズの食い違いに
ついて，親子の対立や親からの抑圧とは異なるかたちが見えてくる。一人ひ
とりの人として意見の違いや対立が起こるのは自然なことであるが，家族規
範や「障害者役割／障害者の親役割」などが障害者と親の「語りにくさ」を
生み出し，「語られたことを家族内の問題として押し返す社会の構造が，障害
者と親を対立に向かわせてもいる」（鍛治 2021：61）ように，親が知的障害
者に対して抑圧的立場になるような社会的背景があり，両者の対立は，いわ
ば作られたものとしての側面がある。

　知的障害者と親を対置する見方だけでは，親子間の問題のようになってし
まいかねない。そうではなく，自立をめぐって生じている課題は社会の問題
であるとして，知的障害者家族内から社会に押し返し，そのうえで自立に向
けて知的障害者と親が協働することへと視点を移していくことが重要であ
る。その際のキーワードとしてここでは「弱さ」に注目する。

　鍛治（2021：61-62）は障害者と親が連帯し，社会の問題を問うていくこと
に向けて，「『ただ弱いだけの存在』ではないことを主張し続ける意義は十分
に自覚しつつ，障害者も親も強さと弱さをともにもつ存在として互いの弱さ
も認め合うような『語り』」を紡ぎ，社会に対抗していくエネルギーに転換し
ていくことを示している。自立に対して積極的になれない自分自身を自覚す
るも，過度な自己批判ではなく自分の1つの側面として認めること，また他
者から認められること，他者の弱さを認めることで，それらを通じた協働を

生み出していく。

　また知的障害者と親が「弱さ」を1つの要素として協働していくだけでなく，そこにアプローチし，自立に向けて協働する支援者の「弱さ」も重要である。バルネラビリティ概念からソーシャルワークに必要な視座を示した中村は，「『共に弱くなる』には，ソーシャルワーカー自身の弱さを自覚する心の構えが必要」（中村 2019：79）であり，「社会の構造上の『弱さ』によって発生するクライエントの問題を改めて捉え直すと，人と社会環境の真の姿が見えるのではないだろうか」（同上：79）と提起する。

　知的障害者，親，支援者の誰もが何らかのかたちで「弱さ」をもち，むしろそれを協働の契機としていくこと，そして親と支援者の協働だけでなく知的障害者と親が協働していくという視点をもち，これを支えるようなアプローチが，規範としてではなく「グラデーションとしての脱家族論」に基づいた自立プロセスを実現していくのではないだろうか。そしてその際には，繰り返しになるが社会の側の課題を捉え，知的障害者の地域生活を支える体制づくり，その基盤ともなる制度変革が同時に必要である。

4．自立を支えるコミュニティ形成に向けて

　さらに自立支援における協働は，知的障害者，親，支援者の三者関係のなかだけで行われるものではない。地域で暮らすさまざまな人々，また家族会などを含むさまざまな団体・組織，行政機関との協働を通じて複合的な生活支援につなげることが必要であり，「親による支援」が意義をもつのは地域生活支援システムが形成されているからこそである。

　本書ではこれまで「公的サービスはもとより，インフォーマルサービス，場合によってはサービスという類型にはなじまないさまざまな相互支援・共生の営みをも生活支援の手段の一部に位置づけ，これらを利用者のニーズに応じて組み合わせて提供することを可能とするシステム」（小松 2011：41）としての地域生活支援システムの観点から，自立や「脱家族論」を捉えてきた。この地域生活支援システムには，いわゆるサービスだけではない，人々の支え合いや，共に生きるという思想的基盤がある。

　A 市の知的障害者の親たちが実感していた「暮らしやすさ」も，知的障害者へのサービスや支援体制が整っているというだけでなく，知的障害者が一人の住民としてごく当たり前に地域で暮らし，日常的に地域になじんでいることにあった。原田は「ケアリングコミュニティとは，『共に生き，相互に支え合うことができる地域』のこと」（原田 2014：100）であり地域福祉の基盤づくりとして位置づけ，そのためには「共に生きるという価値を大切にし，実際に地域で相互に支え合うという行為が営まれ，必要なシステムが構築されていかなければならない」（同上：100）と指摘する。知的障害者の自立支援において，知的障害者や親に対する社会の価値観の転換を図り，共に生きるという価値を共有したコミュニティ形成が求められる。このコミュニティ形成の志向は，知的障害者の自立や親子関係の課題を，家族内の問題ではなく，地域・社会の問題として返していくことでもある。

　「グラデーションとしての脱家族論」に基づきながら，自立を支えるコミュニティを形成していくにあたっては，先ほど見たのとは別のかたちでの，知的障害者と親の関係に対する視点の転換が必要である。知的障害者の生活が安定的に保障されることで親の安心につながり，自立に向かう意欲が引き出されていく。そこに加えて，知的障害者が親のことを心配し，親を想う気持ちに対して，知的障害者が自立した後の親の安定した生活が保障されることもまた，知的障害者の安心につながり，自立に向かう意欲になりうるという視点を持つことである[8]。親元から離れたくないといった，甘えや依存と捉えられてきたような意識だけでなく，知的障害者のケア意識や家族規範意識を含めて自立支援のあり方が考えられる必要がある。これはつまり，知的障害者は誰かを支える主体であるという視点に基づきながら，知的障害者への支援を行うことである。

　より広く見れば，知的障害者がコミュニティを形成する主体であることに

---

[8]　この点に関しては植戸が，具体的なサービスは障害者や高齢者（たとえば知的障害者の高齢の親）といった個人を対象としているのに対して，「実際の生活は『親子で一つ』となっているという齟齬」（植戸 2020：21）を指摘し，知的障害者と親の両方を視野に入れた，親子の一体的な支援の必要性を提起していることも参考にできる。

目を向ける必要がある。本書では知的障害者に焦点を当てて「脱家族論」を再考することに主軸を置いているため，知的障害者の地域生活支援システムにおいて，「親による支援」を位置づけることを試みてきた。この点でいえば，知的障害者を支援するという視点がやや強くはあるが，これまで見てきた知的障害者が親を支え，協働していくという視点や，A市の事例のように知的障害者がコミュニティを形成する主体であることも示してきた。

　たしかに，知的障害者は日々の生活において何らかの支援を必要とするが，それは知的障害者に限ったことでもない。知的障害者と親の自立を支えるコミュニティ形成には，知的障害者をその主体として位置づける，もっと積極的にいえば，彼らがいるからこそ地域が活性化するという視点をもち，そのような価値転換を図りながら，知的障害者も含めた地域全体での多様な主体による直接的・間接的な支え合いの実現が求められる。

5. 本書の意義と今後の課題

　本書は，知的障害者の親からの自立やそこにおける親子関係について，知的障害という特性も関わりながら，自立しようとする知的障害者と，自立を抑圧し子どもを囲い込んでしまう親という対立的な構図には当てはめきれない現実があることを見てきた。また，ケアの多元的社会化において，直接的な関わりが減っても親が間接的に知的障害者を支えることがあり，「親からの自立」がまさに親によって支えられている面があることから，「脱家族論」の再考を目指してきた。

　そして地域生活支援システムの観点から，「親による支援」が家族規範に縛られたものではないかたちで位置づく可能性を示し，地域生活支援システムにおける「親による支援」の意義と，多様な自立プロセスを踏まえながらの「グラデーションとしての脱家族論」を提起した。この一連の流れを踏まえた「グラデーションとしての脱家族論」は，脱しきらない／脱しきれないことに向き合うことを含めた，知的障害者と親の「脱家族論」として，知的障害者の地域生活の多様なあり方を可能にする意義があると考える。

　そして知的障害者と親との協働や，知的障害者が親を支えるという，知的

障害者と親の関係に対する視点を転換した自立支援の必要を示したことも重要であると考える。さらにケアの多元的社会化の視点から多様なレベルでの協働を明らかにし，自立や「脱家族論」を知的障害者と親の関係だけの問題とするのではなく，知的障害者と親に対する社会の価値観を転換し，知的障害者をより積極的な主体として位置づけた上での知的障害者と親を包摂したコミュニティ形成を，知的障害者の自立支援の今後の展望として示したことも1つの成果である。

　一方，残された課題は，全体を通して，親の思いに対して知的障害者自身の思いを十分に取り上げられていないことがある。「親による支援」が地域生活支援システムのなかの多様な選択肢の1つに位置づくとき，それは誰のニーズに基づく選択なのか，誰の意向が反映されて，さまざまな支援の選択がなされているかは重要な問いである。この点で本書は，地域生活を営む主体である知的障害者自身の思いの分析が少ないという限界がある。今後，自立や「脱家族論」を深めていくうえでも，知的障害者自身の自立への思いや地域生活の捉え方を明らかにする必要があるだろう。

　また本書は知的障害という特性を意識して，そうした特性をもつ人とその親の自立や親子関係への思いなどを検討したが，障害の程度による差異を考慮しきれていない。ケアのあり方は一人ひとり異なり，またともすれば「障害が重度だから／軽度だから」との言説が見られるように，障害の程度とその捉え方が自立意識に影響を与えると考えられることから，今後はそうした点を含めた分析が必要である。なお，障害の程度の差異を考慮することは，特定の状態にある障害者を排除することではない。それは秋風（2013）が，障害の程度やそれに関わる当事者の主観のもち方によって当事者の意味世界に与えられる影響は異なる可能性があることから，障害者を一元的に捉えるのではなく多元的に捉える視点を提起して，軽度障害者の社会的不利に着目したうえで，重度障害者の抱える問題とそれ以外の障害者の抱える問題は同じ根源をもつとするのと同様である。

　また，ケア役割におけるジェンダー性についての指摘はしているが，本書全体を通しては知的障害者と親のそれぞれの性別の差異による影響について

十分に議論ができていない。障害福祉サービスをはじめとして家族外の支援者から何らかのかたちで提供されるケアは，障害福祉施策の展開における理念の転換にあるように，同性介助の原則に基づいて行われる。しかし家族ケアの場合には，母親から息子へのケア，父親から娘へのケアといった，異性間のケアがさほど問題とならないこともある。そのため，性別の違いによる当事者と親の意識の差異も，今後詳細に検討する必要がある。

　また本書が取り上げた地域生活支援システムは，A市という1つの事例のみからの分析に基づくモデルであり，一般化して論じることには限界がある。そのため今後はこのモデルを用いてさまざまな地域特性を踏まえた考察を重ねていくことも必要である。

　これらの課題に取り組むことで理論の一層の精緻化を図り，今回は十分に議論ができなかった家族社会学領域における親子関係に関する知見なども精査しながら，家族規範に収斂されない論理を確立していくことが引き続き課せられた課題である。

おわりに

　本書は 2020 年に立教大学大学院コミュニティ福祉学研究科に提出した博士論文「知的障害者の地域生活支援における『ケアの多元的社会化』―親からの自立としての『脱家族』の再考―」に加筆修正をしてまとめたものである。初出は下記の通りであるが，本書にまとめるにあたって加筆修正した。

　第 1 章（第 3 節・第 4 節）：「知的障害者家族にみる家族ケアの特質―〈ケアの社会化〉を見据えて」『金城学院大学論集 社会科学編』第 15 巻第 2 号，pp. 55-65，2019 年

　第 2 章（第 1 節・第 4 節）：「知的障害者の親によるケアの『社会化』の意味づけ―地域生活支援における親の役割の考察に向けて―」『コミュニティ福祉学研究科紀要』第 14 号，pp. 3-14，2016 年

　第 4 章：「知的障害者のグループホームへの入居にみる親からの『自立』―親が『自立』プロセスを支える可能性―」『コミュニティ福祉学研究科紀要』第 15 号，pp. 23-34，2017 年

　第 5 章（第 1 節・第 3 節・第 4 節）「A 市における知的障害者の地域移行・地域生活支援システムにみる親と専門職の協働―多様な協働によるコミュニティ形成に向けて―」『十文字学園女子大学紀要』第 48 集 1 号，pp. 69-82，2018 年

　知的障害者が地域で自分らしく生活すること，主体的に自分の人生を歩んでいくこと，そのプロセスで一人の大人として，親から離れて生活することは当たり前の権利である。知的障害があることを理由にそれが阻まれるものではない。同時に親にも親の人生があり，知的障害者にとって「知的障害がある」ことはあくまでその人の一側面であるように，親である人にとって「知的障害者の親である」ことはその人の一側面である。

　知的障害者もその親も，一人ひとりが独立した個人であって固有の人生がある。また「家族」という集団が唯一無二の安全圏でないことを，私たちはすでに知っている。しかし知的障害者の親からの自立はいまだ進んでいるとはいえず，「親亡き後」の課題も解消されておらず，「自立」と「家族」をめぐる課題がさまざまにある。さらに「8050問題」などが顕在化しているように，成人以降も親と同居し続け，そうした子どもを親が支え続けている状況は障害者家族だけの課題ではない。

　知的障害者の親からの自立は，「家族」に対する個々人の思い，「家族」を基盤とした社会制度，そして「障害」や「障害者」に対する社会のあり方などが関わって，複雑な様相を呈している。と言いつつ，実は本当はシンプルなことを複雑に見ている（している）だけのような気もする。なぜなら，繰り返すが知的障害者も親も個別の存在であって一人ひとりが権利をもっている。また「家族」が絶対のものではないことや，そのあり方が多様であることはすでに社会的に明らかになっている。このシンプルな基本に立ち戻れば，知的障害者の親からの自立は特別なことではなく，またそのように受けとめられるはずである。

　本書は知的障害者の親からの自立について明確に「こうあるべき」と示しているわけではない。また「脱家族論」の文脈で「親による支援」を位置づけようとしてきたが，「親による支援」が必須だと言いたいわけでもない。本来はシンプルであろうはずのことを，しかしそうはならない，そう思いきれない何かがあるのであれば，そこに生じている揺れ動きを捉え，その意味を見出していこうとしたものであるといえる。そうした点でいえば，知的障害者の親からの自立をどのように実現しうるか，親からの自立をどのように支援できるかについて明確な答えのようなものを示せているとは言えないだろうが，「家族」というものに私たちは何を見出し，それぞれの人生においてどのように位置づけていくのかを思考する契機となり，それにより知的障害のある人やその家族のより良い地域生活を実現する一助となれば幸いである。

　本書が「親による支援」を位置づけることを試みるようになったのは，実際に知的障害のある人やその家族とのさまざまな出会いによるところも大き

い。ボランティア活動や仕事を通じて出会った方々もいれば，研究を通じて出会った方々もいるが，さまざまなライフステージの段階にありそれぞれ多様な人生を歩んできた方々の，その人生，思いの一端に触れさせていただく中で，一人ひとりが抱いている希望，楽しみ，優しさ，気遣い，迷い，不安，あきらめ，葛藤，割り切れなさや決め切れなさなどを知った。社会制度・環境のもと，これらの思いが混ざり合った姿を描くことにも1つの意義があると考え，ある意味あえて「親による支援」の意義を見出そうとしたことが本書につながっている。またこれらの出会いのなかでは，家族以外の支援者の立場にある方々との出会いもあり，ともすれば「家族」の枠内だけで捉えようとしがちな筆者がそうならずにいられたのは，これらの方々とのお話などで得られた学びや気づきのおかげでもある。

　お忙しいなかで筆者の調査にご協力いただいた皆様には本当に感謝しきれず，ここにあらためて御礼申し上げたい。特に，X法人の理事の方と，A市手をつなぐ育成会の役員の方には，調査の実施にあたってのコーディネートの面でも大変お世話になり，深く感謝申し上げたい。

　また指導教授の三本松政之先生（立教大学名誉教授，長野大学）には学部時代から長きにわたってご指導いただき，修士論文の執筆過程の際には筆者の中に眠っていた「家族」に関する問題意識を引き出していただいたことで，「家族」に向き合う一種の覚悟を決めることができた。博士論文から本書に至るまでも，ぐるぐると回り続ける筆者の議論に根気強くお付き合いいただき，本当に丁寧にご指導いただいた。副指導教授の北島健一先生（現：立正大学）には特に社会システムの視点から，同じく副指導教授の湯澤直美先生（立教大学）には特に家族ケアやジェンダーの視点からさまざまなご指摘をいただき，地域生活支援システムに「親による支援」を位置づけることそのものの意義に関する示唆をいただいた。外部副査の藤原里佐先生（北星学園大学短期大学部）には，知的障害者の地域生活における親との関係や，ケアの多元的社会化における協働のあり方と複合的な生活支援など，多くの貴重なご指摘をいただいた。

　またバルネラブル研究会の皆様，韓日社会福祉研究会の皆様にも多くのご

意見をいただき，繰り返しの議論を通じて，知的障害という特性を踏まえた上での「自立」や親子関係の捉え方に関する考察を深めることができた。

誠信書房の中澤美穂様には，予定よりも原稿の進みが遅くなりご迷惑をおかけしてしまったことをお詫びするとともに，丁寧にご対応いただき，いかに読みやすいものにできるかなど多くのご助言をいただいたことに感謝申し上げたい。

そして筆者が研究に取り組むこと，それを続けていくことは，家族の支えなしにはできなかった。ここに記して感謝したい。知的障害のある人の親からの自立に焦点を当てて「家族」というものに向き合ってきたが，筆者の問題意識の根本は，知的障害のある人もその家族も，地域の中で自分らしく生活していくことにある。この「自分らしさ」は十人十色で，多様なあり方，選択肢があり得るが，それが障害の有無にかかわらず平等に，また基本的人権に基づくものであることを根底に据えて，社会的に支えていくためのあり方について今後も引き続き取り組んでいきたい。

最後に本書のもとになった研究は，JSPS 科研費 JP13J04429，立教大学コミュニティ福祉研究所学術研究推進資金大学院生研究，立教大学学術推進特別重点資金（立教 SFR）大学院学生研究の助成を受けたものであり，JSPS 科研費 JP 17K13885 の助成を受けた研究の成果を含むものである。

引用・参考文献

赤塚俊治（2008）『新・知的障害者福祉論序説』中央法規出版

秋風千惠（2013）『軽度障害の社会学―「異化＆統合」をめざして―』ハーベスト社

アメリカ精神遅滞学会（AAMR）編・茂木俊彦監訳（1999）『精神遅滞［第9版］―定義・分類・サポートシステム―』学苑社

青木千帆子（2011）「自立とは規範なのか―知的障害者の経験する地域生活」『障害学研究』第7号，pp. 301-325

朝倉和子・高橋幸三郎（2007）「障害児の母親が感じる生活困難と対応の仕方―子どもの障害を『知らされる』から『理解してもらう』プロセスについて―」『東京家政学院大学紀要　人文・社会科学系』第47号，pp. 11-19

遠藤美貴（2010）「政策立案への知的障害当事者参加・参画に関する研究―障害者計画／障害福祉計画に関する全国調査に基づいて―」『立教女学院短期大学紀要』第42号，pp. 73-81

藤井薫（2000）「知的障害者家族が抱くスティグマ感―社会調査を通して見たスティグマ化の要因と家族の障害受容―」『社会福祉学』第41巻第1号，pp. 39-47

藤本愉（2017）「我が子の『障害』に対する父親のまなざしの変化：父親の語りに基づく検討」『國學院大學北海道短期大学部紀要』第34巻，pp. 73-104

藤田雅子（1976）「幼少精神薄弱児をもつ母親の養育的期待」『淑徳大学研究紀要』第9・10合併号，pp. 96-114

藤原里佐（1997）「障害児をもつ母親の生活」『教育福祉研究』第3号，pp. 35-45

藤原里佐（2002）「障害児の母親役割に関する再考の視点―母親のもつ葛藤の構造―」『社会福祉学』第43巻第1号，pp. 146-154

藤原里佐（2006）『重度障害児家族の生活―ケアする母親とジェンダー』明石書店

藤原里佐（2016）「地方都市における障害児者とその家族の暮らし―成人期の支援を視野に―」『教育福祉研究』第21号，pp. 1-11

藤原里佐（2017）「障害者とその家族の向老期・高齢期　生活の場の移行をめぐる諸相」『障害者問題研究』第45巻第3号，pp. 162-169

藤原里佐（2021）「知的障害者のケアにみる家族依存　いつまでどこまで親役割か」落合恵美子編『いま社会政策に何ができるか③　どうする日本の家族政策』ミネルヴァ書房，pp. 193-207

藤原里佐（2023）「障害児ケアの家族依存―母親役割の多面化と長期化―」『社会保障研究』第8巻第1号，pp. 17-30

深田耕一郎（2013）『福祉と贈与―全身性障害者・新田勲と介護者たち』生活書院

福井公子（2013）『障害のある子の親である私たち　その解き放ちのために』生活書院

古井克憲（2012）「日本における知的障害者の当事者活動・当事者組織：先行研究の分析と整理を通して」『社会問題研究』第 61 巻，pp. 59-68

古井克憲（2013）「知的障害者の当事者活動による『自立生活プログラム』の実践―当事者リーダーにとっての活動の意味―」『和歌山大学教育学部教育実践総合センター紀要』第 23 巻，pp. 117-125

古川孝順（2009）『社会福祉の拡大と限定　社会福祉学は双頭の要請にどう応えるか』中央法規出版

古川孝順・三本松政之（1993）「社会福祉施設―地域社会コンフリクト研究の意義と枠組」古川孝順・庄司洋子・三本松政之編『社会福祉施設―地域社会コンフリクト』誠信書房，pp. 3-18

原恵美子・増田樹郎（2016）「知的障害者とその家族への支援に関する一考察（2）―知的障害者の母親の語りを通して―」『障害者教育・福祉学研究』第 12 巻，pp. 69-79

原田正樹（2014）「ケアリングコミュニティの構築に向けた地域福祉―地域福祉計画の可能性と展開―」大橋謙策編『講座ケア　新たな人間―社会像に向けて　第 2 巻　ケアとコミュニティ―福祉・地域・まちづくり―』ミネルヴァ書房，pp. 87-103

長谷川美貴子（2014）「ケア概念の検討」『淑徳短期大学研究紀要』第 53 号，pp. 127-136

橋本厚生（1980）「障害児を持つ家族のストレスについて―障害別比較を通して―」『心身障害学研究』第 4 巻第 2 号，pp. 25-39

秦安雄（2000）「知的障害者の地域生活支援に関する研究―知的障害者の結婚と子育てについて，ゆたか福祉会の事例から―」『日本福祉大学社会福祉論集』第 103 号，pp. 1-52

林淑美＋クリエイティブハウス「パンジー」のみんな（2016）『あいむはっぴぃ！と叫びたい　知的障害者の自立をめざす「パンジー」の挑戦』合同出版

広井良典（2000）『ケア学―越境するケアへ』医学書院

北海道立太陽の園・伊達市立通勤センター旭寮編（1993）『施設を出て町に暮らす―知的障害をもつ人たちの地域生活援助の実際』ぶどう社

堀内浩美（2013）「知的障害者の多様な形態の地域居住を実現するためのグループホームの役割―グループホーム制度創設に関わる構造的矛盾とその克服に関する文献研究を通して―」『社会福祉学評論』第 12 号，pp. 1-17

保積功一（2007）「知的障害者の本人活動の歴史的発展と機能について」『吉備国際大学社会福祉学部研究紀要』第 12 号，pp. 11-22

茨木尚子（2014）「障がい者制度改革推進会議総合福祉部会における当事者参画とその課題（特集 I 政策形成における「当事者参画」の経験と課題【シンポジウム―障害学会第 10 回大会から】）」『障害学研究』第 10 号，pp. 19-25

市野川容孝・杉田俊介・堀田義太郎（2009）「『ケアの社会化』の此／彼岸　障害者と介助者の敵対的自立へ向けて」『現代思想』第 37 巻第 2 号，pp. 119-155

井口高志（2010）「支援・ケアの社会学と家族研究―ケアの『社会化』をめぐる研究を中心に―」『家族社会学研究』第 22 巻第 2 号，pp. 165-176

石川准（1992）『アイデンティティ・ゲーム　存在証明の社会学』新評論

石川准（1995）「障害児の親と新しい『親性』の誕生」井上眞理子・大村英昭編『ファミリ

ズムの再発見』世界思想社，pp. 25-59

伊藤周平（2003）『社会福祉のゆくえを読む　介護保険見直し・保育制度改革・支援費制度』大月書店

岩橋誠治（2008）「それぞれの自立生活への道と自立生活獲得のための支援」寺本晃久・岡部耕典・末永弘・岩橋誠治『良い支援？―知的障害／自閉の人たちの自立生活と支援』生活書院，pp. 72-144

「10 万人のためのグループホームを！」実行委員会編（2003）『もう施設には帰らない 2―知的障害のある 15 人，家族・コーディネーターの声』中央法規出版

鍛治智子（2011）「知的障害者の家族の両義性」『コミュニティ福祉学研究科紀要』第 9 号，pp. 3-13

鍛治智子（2014）「知的障害者の地域生活における親子関係の課題の所在―ケアと居住の場の観点から―」『コミュニティ福祉学研究科紀要』第 12 号，pp. 3-13

鍛治智子（2015）「知的障害者の自立をめぐる親のためらい―『知的障害』という特性に着目して―」『コミュニティ福祉学研究科紀要』第 13 号，pp. 17-28

鍛治智子（2018）「A 市における知的障害者の地域移行・地域生活支援システムにみる親と専門職の協働―多様な協働によるコミュニティ形成に向けて―」『十文字学園女子大学紀要』第 48 集第 1 号，pp. 69-82

鍛治智子（2019）「知的障害者家族にみる家族ケアの特質―〈ケアの社会化〉を見据えて」『金城学院大学論集　社会科学編』第 15 巻第 2 号，pp. 55-65

鍛治智子（2021）「障害者と親の関係をめぐる言説についての一考察―それぞれの『語りにくさ』に着目して―」『金城学院大学論集　社会科学編』第 18 巻第 1 号，pp. 52-64

神部雅子（2019）「知的障害者の権利意識の醸成過程―『本人の会』参加者のインタビュー調査から―」『社会福祉学』第 59 巻第 4 号，pp. 1-15

神部雅子（2021）「知的障害者の当事者運動に関与する支援者の役割認識とその変化―支援者へのインタビュー調査から―」『社会福祉学』第 62 巻第 3 号，pp. 17-31

金子郁容（1992）『ボランティア　もう一つの情報社会』岩波書店

春日キスヨ（2011）『介護問題の社会学』岩波書店

河東田博（1998）「ノーマライゼーション理念の具体化と当事者活動」『四国学院大学論集』第 96 号，pp. 109-124

川池智子（2003）「知的障害者の『自立』と当事者・家族のライフサイクル支援の課題―母親による『抱え込み』の問題に焦点をあてて―」『山梨県立女子短大地域研究』第 3 号，pp. 25-40

木船憲幸（1981）「精神薄弱児の親の養育態度に関する親子間の認知差」『特殊教育学研究』第 18 巻第 4 号，pp. 43-48

小林博（2000）「知的障害者の自己決定―その根源と実践―」「施設変革と自己決定」編集委員会編『権利としての自己決定　そのしくみと支援』エンパワメント研究所，pp. 21-42

児玉真美（2013）「母親が『私』を語る言葉を取り戻すということ」「支援」編集委員会編『支援 vol. 3』生活書院，pp. 73-86

小松理佐子（2011）「地域生活支援のニーズと充足方法」『日本福祉大学社会福祉論集』第124号，pp. 39-53

金野大（2017）「障害児家族介護者の施設型レスパイトサービス利用困難体験の分析―対処法が示唆する派遣型サービスへの着目―」『立命館人間科学研究』第35号，pp. 1-16

厚生省大臣官房障害保健福祉部障害福祉課監修（1997）『地域で暮らす―精神薄弱者の地域生活援助』中央法規出版

久保紘章（1982）「障害児をもつ家族に関する研究と文献についての先行研究の整理の枠組み」『ソーシャルワーク研究』第8巻第1号，pp. 49-54

町田おやじの会（2004）『「障害児なんだうちの子」って言えたおやじたち』ぶどう社

丸山啓史（2011）「障害のある乳幼児を育てる母親の就労をめぐる問題　母親へのインタビュー調査から」『障害者問題研究』第39巻第3号，pp. 192-199

松本恵美子・藪内道子（1984）「精神薄弱者療育指導について」『社会福祉学』第25巻第1号，pp. 85-107

松永千惠子（2015）『知的障害者がグループホームに住めない理由　知的障害者グループホーム利用者の利用継続を促進／阻害する要因に関する研究』中央法規出版

松島京（2002）「家族におけるケアと暴力」『立命館産業社会論集』第37巻第4号，pp. 123-144

峰島厚（2003）「貧しい施設施策のために，まだまだ残る『ノーマルでない暮らし』―敷地，建物空間，職員数，利用者の所得に規定される貧しい生活―」障害者生活支援システム研究会編『希望のもてる「脱施設化」とは　利用者・家族の実態・意向調査から』かもがわ出版，pp. 20-26

峯友信介（1997）「地域との関わりの支援」厚生省大臣官房障害保健福祉部障害福祉課監修『地域で暮らす―精神薄弱者の地域生活援助』中央法規出版，pp. 52-57

三田優子（2003）「知的障害者の本人活動とは」『療育の窓』第125号，pp. 1-5

三田優子（2012）「障害者制度改革における当事者参画の意義と課題―障害者権利条約の批准に向けて―」『社会福祉研究』第113号，pp. 67-74

三井さよ（2011）「『知的障害』を関係で捉えかえす　痛みやしんどさの押しつけを回避するために」『現代思想』第39巻第11号，pp. 227-237

三浦剛（1992）「在宅精神薄弱児者の母親の主観的疲労感」『社会福祉学』第33巻第1号，pp. 64-87

宮原春美・相川勝代（2001）「知的障害児・者の家族のセクシュアリティに関する調査」『長崎大学医療技術短期大学部紀要』第14巻第1号，pp. 61-64

水田和江（2004）「在宅知的障害児・者を養育する家族の生活問題とサービス利用の状況」『西南女学院短期大学研究紀要』第50号，pp. 17-28

森口弘美（2009）「成人期の知的障害者とその親の関係性を視野に入れた支援のあり方―『全日本手をつなぐ育成会』における『自己変革』の考察をとおして―」『社会福祉学』第50巻第3号，pp. 29-40

森口弘美（2015）『知的障害者の「親元からの自立」を実現する実践―エピソード記述で導き出す新しい枠組み―』ミネルヴァ書房

村岡文太・寺川志奈子（2013）「青年期の知的障害者に対する自立支援に関する事例的研究—3年間の自己信頼感・他者信頼感の変容—」『地域学論集：鳥取大学地域学部紀要』第9巻第3号，pp. 63-84

牟田和恵（2005）「親密なかかわり」井上俊・船津衛編『自己と他者の社会学』有斐閣，pp. 137-154

中村裕子（2019）「バルネラビリティ概念の考察—ソーシャルワーカーの実践への示唆—」『札幌学院大学人文学会紀要』第105号，pp. 73-83

中根成寿（2002）「『障害をもつ子の親』という視座—家族支援はいかにして成立するか—」『立命館産業社会論集』第38巻第1号，pp. 139-164

中根成寿（2005）「障害者家族の父親のケアとジェンダー—障害者家族の父親の語りから」『障害学研究』第1号，pp. 158-188

中根成寿（2006）『知的障害者家族の臨床社会学—社会と家族でケアを分有するために』明石書店

中根成寿（2010）「『私』は『あなた』にわかってほしい—『調査』と『承認』の間で」宮内洋・好井裕明編『〈当事者〉をめぐる社会学—調査での出会いを通して—』北大路書房，pp. 105-120

中根成寿（2017）「障害者福祉制度は障害者家族の親子関係をどのように変えたのか—障害者総合支援法制度利用状況の分析から—」『家族社会学研究』第29巻第1号，pp. 63-72

中西正司・上野千鶴子（2003）『当事者主権』岩波書店

中野敏子（2009）『社会福祉学は「知的障害者」に向き合えたか』高菅出版

中塚善次郎（1994）「障害児（者）をもつ家族」『教育と医学』第42巻第5号，pp. 468-473

中山妙華（2008）「知的障害者福祉の歴史的変遷と課題」『社会文化論集』第10号，pp. 45-68

中山妙華（2010）「知的障害者の母親たちの『脱家族介助化』過程—成人知的障害者の母親に対するインタビュー調査の結果から—」『社会文化論集』第11号，pp. 51-76

夏堀摂（2007）「戦後における『親による障害児者殺し』事件の検討」『社会福祉学』第48巻第1号，pp. 42-54

西原雄次郎（2006）「知的障害者にとって自立生活とは何か」『ルーテル学院研究紀要：テオロギア・ディアコニア』第40号，pp. 1-7

西村愛（2006）「知的障害児・者の自己決定の援助に関する一考察—援助者との権力関係の観点から」『保健福祉学研究』第4号，pp. 71-85

西村愛（2007）「『親亡き後』の問題を再考する」『保健福祉学研究』第5号，pp. 75-91

西村愛（2009）「親役割を降りる支援の必要性を考える—『親亡き後』問題から一歩踏み出すために—」『青森県立保健大学雑誌』第10巻第2号，pp. 155-164

野村恭代（2014）「施設コンフリクトの合意形成に向けて—知的障害者施設と地域との共生—」『発達障害研究』第36巻第4号，pp. 349-357

野崎綾子（2003）「『親密圏』と正義感覚」齋藤純一編『親密圏のポリティクス』ナカニシヤ出版，pp. 155-179

小田原峰広（2000）「『知的障害に伴う支援』を必要とする人々の結婚についての一考察」

『情緒障害教育研究紀要』第 19 号，pp. 247-252

緒方直助編（2001）『手をつなぐ育成会（親の会）運動 50 年の歩み　社会福祉法人全日本手をつなぐ育成会創立 50 周年記念誌』全日本手をつなぐ育成会

岡部耕典（2008）「ハコにいれず嫁に出す，ことについて―〈支援者としての親〉論」寺本晃久・岡部耕典・末永弘・岩橋誠治『良い支援？―知的障害／自閉の人たちの自立生活と支援』生活書院，pp. 145-160

岡田祥子（2016）「利用者と保護者双方へのケアの論理―知的障害者通所施設職員の語りから―」『保健医療社会学論集』第 26 巻第 2 号，pp. 54-63

岡原正幸（2012）「制度としての愛情―脱家族とは」安積純子・岡原正幸・尾中文哉・立岩真也『生の技法［第 3 版］家と施設を出て暮らす障害者の社会学』生活書院，pp. 119-157

大野安彦（2019）「知的障害者に課される『自立の枠組み』―育成会の視点から見たその存続要因―」『人間文化研究』第 32 号，pp. 85-105

パンジーさわやかチーム・林淑美・河東田博編（2008）『知的しょうがい者がボスになる日―当事者中心の組織・社会を創る』現代書館

ピープルファーストはなしあおう会（2001）「障害者としてではなく，『まず第一に人間として』」全国自立生活センター協議会編『自立生活運動と障害文化―当事者からの福祉論』現代書館，pp. 133-138

最首悟（1998）『星子がいる―言葉なく語りかける重複障害の娘との 20 年』世織書房

齋藤純一（2003）「親密圏と安全性の政治」齋藤純一編『親密圏のポリティクス』ナカニシヤ出版，pp. 211-236

佐々木勝一（2006）「福祉改革時代における障害者施設―語りからの施設コンフリクトと施設観―」『京都光華女子大学研究紀要』第 44 号，pp. 295-322

佐藤郁哉（2008）『質的データ分析法―原理・方法・実践』新曜社

清水貞夫（2000）「子どもから家族や家庭に視点を転換した社会施策の必要性―学童期の障害児ケアの問題―」『脳と発達』第 32 巻第 3 号，pp. 232-236

下夷美幸（2015）「ケア政策における家族の位置」『家族社会学研究』第 27 巻第 1 号，pp. 49-60

下尾直子（2018）『知的障害のある子を育てた母の障害観―ICF による質的分析から』生活書院

新藤こずえ（2013）『知的障害者と自立―青年期・成人期におけるライフコースのために』生活書院

副田義也（2008）「ケアすることとは―介護労働論の基本的枠組み」上野千鶴子・大熊由紀子・大沢真理・神野直彦・副田義也『ケア　その思想と実践 2　ケアすること』岩波書店，pp. 1-34

染谷莉奈子（2019）「何が知的障害者と親を離れ難くするのか―障害者総合支援法以降における高齢期知的障害者家族」榊原賢二郎編『障害社会学という視座　社会モデルから社会学的反省へ』新曜社，pp. 88-114

染谷莉奈子（2020）「知的障害者のケアを引き受ける母親の消極的な側面―グループホーム

を辞めた事例に着目して―」『年報社会学論集』第 33 号，pp. 169-179

杉本章（2008）『〔増補改訂版〕障害者はどう生きてきたか―戦前・戦後障害者運動史』現代書館

鈴木良（2004）「知的障害者の自己決定支援の思想と方法に関する一考察」『社会福祉学』第 45 巻第 2 号，pp. 14-23

鈴木良（2010）『知的障害者の地域移行と地域生活―自己と相互作用秩序の障害学』現代書館

庄司洋子（2013）「自立とケアの社会学」庄司洋子・菅沼隆・河東田博・河野哲也編『自立と福祉　制度・臨床への学際的アプローチ』現代書館，pp. 36-59

高林秀明著・熊本学園大学付属社会福祉研究所編（2008）『障害者・家族の生活問題　社会福祉の取り組む課題とは』ミネルヴァ書房

高田亮子（1984）「障害を持つ子の親の生き方―旭川市における精神薄弱児教育と親の対応―」『情緒障害教育研究紀要』第 3 号，pp. 55-58

竹内章郎・藤谷秀（2013）『哲学する〈父〉たちの語らい　ダウン症・自閉症の〈娘〉との暮らし』生活思想社

田村惠一（2006）「障害児（者）に対するレスパイトサービスに関する研究」『淑徳短期大学研究紀要』第 45 号，pp. 57-78

田中耕一郎（2012）「〈重度知的障害者〉とケアの分配について―『何の平等か』に関する一考察―」『北星学園大学社会福祉学部北星論集』第 49 号，pp. 115-127

田中耕一郎（2013）「ケアが分配されるとき」『北星学園大学社会福祉学部北星論集』第 50 号，pp. 61-73

田中正博（1996）「障害児を育てる母親のストレスと家族機能」『特殊教育学研究』第 34 巻第 3 号，pp. 23-32

田中智子（2006）「障害児の父親の『当事者性』に関する考察」『創発：大阪健康福祉短期大学紀要』第 4 号，pp. 49-57

田中智子（2010）「知的障害者のいる家族の貧困とその構造的把握」『障害者問題研究』第 37 巻第 4 号，pp. 261-272

田中智子（2013）「知的障害者の生活の場の移行と親子の自立―生活の場の移行を経験した知的障害者の親たちの語りに見る親役割の変容―」『佛教大学総合研究所紀要』2013 別冊号，pp. 79-102

田中智子（2017）「障害者の母親における長期化するケアラー役割　事業所調査に見る高齢期の障害者家族の生活困難」『障害者問題研究』第 45 巻第 3 号，pp. 170-177

鑪幹八郎（1963）「精神薄弱児の親の子供受容に関する分析的研究」『京都大学教育学部紀要』Ⅸ号，pp. 145-172

立岩真也（2012a）「『出て暮らす』生活」安積純子・岡原正幸・尾中文哉・立岩真也『生の技法［第 3 版］家と施設を出て暮らす障害者の社会学』生活書院，pp. 91-118

立岩真也（2012b）「はやく・ゆっくり―自立生活運動の生成と展開」安積純子・岡原正幸・尾中文哉・立岩真也『生の技法［第 3 版］家と施設を出て暮らす障害者の社会学』生活書院，pp. 258-353

立岩真也・寺本晃久（1998）「知的障害者の当事者活動の成立と展開」『信州大学医療技術短期大学部紀要』第 23 巻，pp. 91-106

寺本晃久（2008）「自立生活という暮らし方がある」寺本晃久・岡部耕典・末永弘・岩橋誠治『良い支援？―知的障害／自閉の人たちの自立生活と支援』生活書院，pp. 22-43

寺本晃久（2015）「何を基準にして支援するか」寺本晃久・岡部耕典・末永弘・岩橋誠治『ズレてる支援！―知的障害／自閉の人たちの自立生活と重度訪問介護の対象拡大』生活書院，pp. 51-64

特定非営利活動法人ピープルファースト東久留米編（2010）『知的障害者が入所施設ではなく地域で生きていくための本―当事者と支援者が共に考えるために［増補改訂・知的障害者が入所施設ではなく地域で暮らすための本］』生活書院

土屋葉（2002）『障害者家族を生きる』勁草書房

土屋葉（2009a）「『脱家族』に関する一考察」『愛知大学文学論叢』第 140 輯，pp. 194-173

土屋葉（2009b）「『障害者』と『非障害者』を隔てるもの」好井裕明編『排除と差別の社会学』有斐閣，pp. 143-163

土屋葉（2010）「家庭生活と家族」松井亮輔・川島聡編『概説　障害者権利条約』法律文化社，pp. 219-235

津田英二（2000）「知的障害者がいる家族の自助グループにおけるネットワーキング」『人間科学研究』第 8 巻第 1 号，pp. 45-56

津田英二（2005）「知的障害者のエンパワーメント実践における当事者性」『神戸大学発達科学部研究紀要』第 13 巻第 1 号，pp. 59-70

角田慰子（2014）『知的障害福祉政策にみる矛盾―「日本型グループホーム」構想の成立過程と脱施設化』ぶねうま舎

通山久仁子（2017）「特定非営利活動法人全国 LD 親の会にみる全国組織としての『親当事者』団体の機能」『西南女学院大学紀要』第 21 巻，pp. 75-85

内田安伊子（2014）「離家を契機とした知的障害者と母親との関係再構築―グループホーム入居の事例から―」『東洋大学大学院紀要』第 50 号，pp. 277-295

上野千鶴子（2011）『ケアの社会学　当事者主権の福祉社会へ』太田出版

植戸貴子（2004）「知的障害を持つ人たちの本人活動の現状と課題―『A の会』への支援から見えてきたもの―」『社会福祉学研究』第 8 号，pp. 45-60

植戸貴子（2012）「知的障害者と母親の『親離れ・子離れ』問題―知的障害者の地域生活継続支援における課題として―」『神戸女子大学健康福祉学部紀要』第 4 巻，pp. 1-12

植戸貴子（2015）「知的障害児・者の親によるケアの現状と課題―親の会の会員に対するアンケート調査から―」『神戸女子大学健康福祉学部紀要』第 7 巻，pp. 23-37

植戸貴子（2019）『知的障害児・者の社会的ケアへ　「脱親」のためのソーシャルワーク』関西学院大学出版会

植戸貴子（2020）「中高年知的障害者と高齢の親の同居家族への相談支援：障害分野と高齢分野の有機的連携　相談援助職に対するアンケート調査」『神戸女子大学健康福祉学部紀要』第 12 巻，pp. 1-24

渡辺勧持（1997）「入所施設から地域へ―知的障害者の入所施設設立が 20 世紀前半と後半

の国との比較」『社会福祉学』第 38 巻第 2 号，pp. 53-66

ウォーレル，ビル著／河東田博訳（2010）『ピープル・ファースト：当事者活動のてびき―支援者とリーダーになる人のために』現代書館

山田純子（2008）「発達障害のある青年と親の障害理解―親の会の果たす役割―」『植草学園短期大学紀要』第 9 号，pp. 15-29

山田昌弘（1994）『近代家族のゆくえ―家族と愛情のパラドックス』新曜社

横塚晃一（2010）『母よ！殺すな（第 2 版）』生活書院

横須賀俊司（1992）「『障害者』の自立と自立生活センター」『ノーマライゼーション研究』，pp. 90-102

横田弘（1979）『障害者殺しの思想』JCA 出版

好井裕明（2002）「障害者を嫌がり，嫌い，恐れるということ」石川准・倉本智明編『障害学の主張』明石書店，pp. 89-117

吉川かおり（2003）「障害者『自立』概念のパラダイム転換―その必要性と展望―」『東洋大学社会学部紀要』第 40 巻第 2 号，pp. 17-30

要田洋江（1999）『障害者差別の社会学　ジェンダー・家族・国家』岩波書店

結城俊哉（2013）『ケアのフォークロア―対人援助の基本原則と展開方法を考える』高菅出版

全日本手をつなぐ育成会 60 周年記念誌発行委員会編（2013）『夢　全日本手をつなぐ育成会創立 60 周年記念誌』社会福祉法人全日本手をつなぐ育成会

引用・参考資料

「本人の同意なしの不妊手術，日本でも実態調べて　厚生省に要望書」『朝日新聞』1997年9月17日付朝刊

「障害者排除『空気変えたい』不妊手術強制，県内の60代女性提訴」『朝日新聞』2018年1月31日付朝刊，宮城全県

一般社団法人全国手をつなぐ育成会連合会 http://zen-iku.jp/aboutus（2023年9月26日閲覧）

厚生労働省「知的障害児（者）基礎調査：調査の結果　用語の解説」https://www.mhlw.go.jp/toukei/list/101-1c.html（2022年9月23日閲覧）

厚生労働省（2018）「平成28年生活のしづらさなどに関する調査（全国在宅障害児・者等実態調査）結果」
https://www.mhlw.go.jp/toukei/list/dl/seikatsu_chousa_c_h28.pdf（2022年1月27日閲覧）

きょうされん（2010）「家族の介護状況と負担についての緊急調査の結果」
https://www.kyosaren.or.jp/wp-content/uploads/2017/06/d0c906bfc187074acfdac5fb55d35918.pdf（2022年1月27日閲覧）

きょうされん（2016）「障害のある人の地域生活実態調査の結果報告」
https://www.kyosaren.or.jp/wp-content/themes/kyosaren/img/page/activity/x/x_1.pdf（2022年1月27日閲覧）

内閣府「中央障害者施策推進協議会委員名簿」（第1回中央障害者施策推進協議会）
https://www8.cao.go.jp/shougai/kyougi/1nasi.html（2022年9月12日閲覧）

内閣府「（資料1）障がい者制度改革推進会議構成員名簿」https://www8.cao.go.jp/shougai/suishin/kaikaku/s_kaigi/k_1/pdf/s1.pdf（2022年9月12日閲覧）

内閣府「障がい者制度改革推進会議総合福祉部会構成員名簿（平成23年8月30日現在）」
https://www.mhlw.go.jp/bunya/shougaihoken/sougoufukusi/dl/bukaimeibo.pdf（2022年9月12日閲覧）

内閣府「障害者政策委員会」https://www8.cao.go.jp/shougai/suishin/seisaku_iinkai/index.html（2022年9月12日閲覧）

内閣府（2023）『令和5年版障害者白書』勝美印刷

ピープルファーストジャパン https://www.pf-j.jp/（2023年9月26日閲覧）

ピープルファーストジャパン「ピープルファーストジャパン設立準備委員会のあゆみ」pfjapanjyunbi.pdf（2022年8月13日閲覧）

社会保障審議会障害者部会（2008）「障害者自立支援法施行後3年の見直しについて（社会保障審議会障害者部会報告書）」https://www.mhlw.go.jp/shingi/2008/12/dl/s1216-5a.pdf

（2022 年 7 月 31 日閲覧）

社会保障審議会障害者部会（2022）「障害者総合支援法改正法施行後 3 年の見直しについて
　―社会保障審議会障害者部会報告書―」https://www.mhlw.go.jp/content/12601000/
　000950635.pdf（2022 年 7 月 31 日閲覧）

山下亜紀子・根來秀樹（2020）「発達障害児の家族支援システム構築に向けた『社会的ケア』
　に関する研究（科学研究費助成事業（基盤研究（C）（一般））研究成果報告書（研究期
　間：2016 年度〜2019 年度，研究代表者：山下亜紀子））」https://kaken.nii.ac.jp/ja/file/
　KAKENHI-PROJECT-16K04142/16K04142seika.pdf（2023 年 9 月 28 日閲覧）

全国優生保護法被害弁護団「訴訟一覧表（令和 5 年 7 月 8 日時点）」http://yuseibengo.
　starfree.jp/wp-content/uploads/2023/07/ichiran20230718.pdf（2023 年 9 月 26 日閲覧）

著者紹介

鍛治 智子（かじ　ともこ）

2020 年　立教大学大学院コミュニティ福祉学研究科コミュニティ福祉学専
　　　　攻博士後期課程修了
現　在　金城学院大学人間科学部コミュニティ福祉学科准教授　博士（コ
　　　　ミュニティ福祉学）
著　書　『はじめて学ぶ人のための社会福祉』（分担執筆）誠信書房, 2016 年

ケアの多元的社会化
──知的障害者の地域での自立と「脱家族論」再考

2024 年 2 月 10 日　第 1 刷発行

著　　者　　鍛　治　智　子
発 行 者　　柴　田　敏　樹
印 刷 者　　日　岐　浩　和

発行所　株式会社　誠 信 書 房
〒112-0012 東京都文京区大塚 3-20-6
電話 03（3946）5666
https://www.seishinshobo.co.jp/

©Tomoko Kaji, 2024　　　　　　印刷／中央印刷　製本／協栄製本
検印省略　　落丁・乱丁本はお取り替えいたします
ISBN978-4-414-60168-8 C3036　　Printed in Japan